新装版

親鸞の人生観

教行信証真仏弟子章

金子大榮

法藏館

本書は、昭和四一（一九六六）年刊行の『親鸞の人生観―教行信証真仏弟子章―』第一刷をオンデマンド印刷で再刊したものである。

再刊にあたって、今日の人権意識に照らして好ましくない表現が見られますが、原文の時代背景や著者が差別を助長する意図で使用していないこと、著者が故人となっていることなどを考慮し原文のままといたしました。

序

この著は『教行信証』の信巻、真仏弟子章の解説として『在家仏教』誌上に連載せるものである。その真仏弟子章には経釈の文が多く引用されてはいるが、その惣べては、現生十種の益と思い合わされるものである。そしてそれは私には『親鸞の人生観』として領解されるものである。

「経教は鏡の如し、しばしば読み、しばしば尋ぬれば智慧を開発し涅槃を欣楽せしむ」と説かれてある。それは特に聖典をもつものにのみ経験される喜びであろう。その教の光によって自身の道が明らかになり、ひるがえって日常の生活が機縁となりて、聖意を領解せしめられるのである。それは幾度くりかえしても飽くことなきものであり、またその度毎に新たなるを感ぜしむるのである。

私はこの著に於て幾度もその喜びを経験せしめられた。これこそ自受の法楽ともいうべきものであろう。されど私は、それ故にまたこれで十分に教意を十分に尽くしたとは思うことはできない。仏法味を愛楽する身としては、消化不良ではないかと反省されるところも多いことである。それでなければ、もっと平易に、もっと日常的に解説されるのではないかと思うのである。

とはいえ、そこにこそ経教のしばしば読みしばしば尋ねねばならない所以があるのであろう。

そしてその「しばしば」は個人に止らず数多くの経教を共にする同法・同友の語りあいであるべきことをも意味するものと思われる。しかれば、われにありて不十分であったものがかれによって満足せられ、かれに依りて著眼されたことがわれに依りて開眼されるということもあるであろう。それによりていよいよ智慧を開発し、涅槃を欣楽せしめられるのである。したがって若しこの著が、そうあらしめる機縁となり得ば、まことに尽きぬ喜びである。そのこころをもって大方の是正と証誡とを願う次第である。

昭和四十一年三月

金子大栄識

目次

親鸞の人生観

一　総　説

『教行信証』の信巻は、前に本願による信心の体を明らかにし、後に信心の開発する相を記すものである。ここに真仏弟子章というは、その後の部の一節である。それは『大経』に阿弥陀の名を聞いて信心歓喜するものは不退転に住すと記されてある。その「不退転に住す」るものこそ真仏弟子といわれるものと顕わすものである。

それでこの一章ではまずもって真仏弟子という名の意義を解説し、ついでひろく聖教によりて真仏弟子の徳が顕わされている。そこには念仏者にあたえられる現生の利益というものがある。それは宗教的生活とはいかなるものであるかを教うるものともみられよう。仏教信者の道といってても、これより他にはないようにおもわれる。それだけ身にひきあてて受容せねばならぬことである。

本　文　真仏弟子といふは、真の言は偽に対し、仮に対するなり。弟子といふは釈迦諸仏の弟子なり。金剛心の行人なり。この信行によりて、かならず大涅槃を超証すべきがゆへに真仏弟子といふ。

口語訳　真の仏弟子とは、真は偽でなく仮でないこと。弟子とは釈迦諸仏の弟子ということである。その真の仏弟子といわれるものは、即ち金剛心の行人である。その人は本願の信行によって必ず大涅槃を超証する。それ故に真の仏弟子といわれるのである。

一

そのはじめは仏とは釈迦であり、弟子とは釈迦の教を法として清浄の生活をした舎利弗・目連等の人びとであった。それらの人びとは出家して戒律をまもり、和合してさとりの道を行なう僧といわれたのである。しかしその仏・法・僧に帰依して人倫の道を修めようとせる在家の人びとは信者といわれたのであった。

しかるに仏とは覚者ということである。真理をさとり、正法を知る、それを仏というのである。したがって仏というも正法とはなれてあるものではない。仏とはこれ法身である。また僧というも、正法に順うから仏弟子といわれるのである。しかれば仏・法・僧というも、その体は一つであるといわねばならない。したがってその仏・法・僧に帰依して人間生活を行なう在家の信者もまた仏弟子といわれるべきであろう。仏弟子とは出家であるという形にあるのではない。それで

『般若経』には「仏の説きたまへる諸法《ものみな》の実相《あるがまま》を知るものは仏弟子である」と説かれてあるのである。

ここで仏弟子と信者とは一つとなる。しかしこの二つの名は、いずれも捨てがたいものがある。仏とは覚者である。しかれば仏弟子とは覚者の弟子ということである。したがって仏弟子と名のるこころにはふかいよろこびがある。そこには真実の人生観をもっているという気位もあるであろう。弟子であるというこころは謙虚であるが、仏の法に順うものであるということにおいては、内なるほこりともいうべきものがあるようである。そのほこりは、うやまいつつしむ意味をもつ信のこころである。

しかし師の教をうける弟子は、さらに後に来るものの師となるということがあるのであろう。禅のごときは、とくに師あり弟子ありて伝承せられているようである。しかるに親鸞にありては、つねに仏弟子であることをよろこびつつ、人師となることを願わなかった。親鸞は弟子一人ももたずといわれる。その点よりいえば信者の名こそふさわしいものであろう。「名利に人師を好む」ことを恥ずる身には、仏弟子ということも、ただ信者のよろこびである。ここに本願を信ずるものが真の仏弟子であるといわれた。その親鸞の心境には、まことに懐かしいものがあるのである。

しかるに弟子とは、とくに僧の名であるということになれば、あらためてその真なるものと仮・偽なるものとの別が反省せられる。たとえ仏教を学んでも正法をさとることができないならば、仮の仏弟子といわねばならない。また僧と名告《の》っていても、そのこころが仏法に反くものならば偽の仏弟子といわねばならぬのであろう。ここに親鸞の真仏弟子の領解は、その仮と偽との反省にもおよんでいるのである。

二

そこで「弟子とは釈迦・諸仏の弟子なり」と解説された。仏とは覚者ということであるから、それは釈迦だけでないことはあきらかである。したがって人間の関係において釈迦の弟子といっても、正法の意味においては諸仏の弟子にちがいはない。ここに仏弟子といわれるものは、釈迦の人格を尊重しても、その修証においては、釈迦にたよらず独立してあるものでなければならぬものがあるのである。

　しかし道を求める人間にありては、師弟の因縁ほどにふかく感ぜられるものはないのであろう。この世には師弟愛にまさる純粋なるものはない。したがって人間にとりての最上の幸福は善き師があることであるといっても過言ではないのであろう。それだけ法においては独立でなくてはならぬことが知られておりながら師をはなれることができない。その感情はとくに師をうしなえるときにおいてあらわれてくるのである。その事実は釈迦の入滅を悲しめる弟子たちにもふかく感ぜられたのであった。釈迦はすでに自分は死んでも法身は不滅であると遺言されたのである。弟子たちもそれを素直に聴受したのであろう。されどそれにもかかわらず釈尊の入滅に胸をうって慟哭せるのであった。しかしてその悲しみのなかから、はじめて真実に心から法身の不滅を知り、さらに諸仏の発見ともなったのである。

こうして釈迦からしだいに諸仏へと、おもいおよべることには弟子たちの心機の展開があった。しかればここに「釈迦・諸仏の弟子なり」といわれた親鸞のこころも、ただそのことばかりで済まされぬものがあるのであろう。「釈迦如来かくれましまして二千余年をへ」ており、その「遺教」もかくれてわからない。されど本願の教を説く高僧たちによりて釈迦の正意が伝えられた。それで親鸞はいま法然上人に教化せられることとなったのである。まことにこれは、「諸仏方便ときいたり、源空ひじりとしめしつつ、無上の信心おしへてぞ、涅槃のかどをばひらきける」ものとおもわずにおれないものである。ここに「人によって法を重んずる」ことと、「法に依りて人に依らない」ことが一つとなる。それは親鸞のふかい感激であった。

三

しからばその釈迦・諸仏の弟子といわれる資格は、如来の本願を信ずることである。すなわち「金剛心の行人」であることである。「たとえば金剛は長き時、水の中にあっても爛壊せず、また変易せぬように、菩提心は量りなき世かけて生死の中にあって、もろもろの煩悩業にまとわれていても断滅することなく、また損減することがない」。真実の信心はその菩提心である。しかれば「量りなき世かけて生死の中にあり」といっても、畢竟はわれらの一生において内感されることであろう。愛と憎しみの煩悩業はつねに善心を汚し、よく、法財を焼く人間生活である。されど本願を信ずる心は、憶念相続してかわることなく断えることがない。しかして、その信心は、煩悩を転じて菩提となし、悪業を和らげて柔軟心とならしめるのである。

その「金剛は即ち無漏の体なり」と説かれている。無漏とは純粋清浄ということである。その純粋に清浄真実といわれるものは如来のこころに他ならない。しかれば信心を金剛心ということは如来の清浄真実なる願心を受容するものであるからであろう。そこにまた金剛は無上の宝であることがおもいあわされる。したがって信心を金剛心と呼ぶことには、信心の高貴性をあらわす意味もあることであろうか。

しかるにこの真仏弟子の資格を「金剛心の行人」とすることは、後で「弥勒大士は等覚の金剛心を窮める」ことと対比せられてある。その等覚というは大乗の聖道において、長い修行ののち、いよいよいま一歩で成仏するという位である。そしてその位にあるものを金剛心に住すというのである。これはその位にいたれば、いかなる煩悩業も作ることなく、純粋清浄の身となるから、諸仏に等しき覚を得るのである。しかるに、信心の行者は臨終の一念にいたるまで煩悩業をはなれることのできぬものである。それにもかかわらず大涅槃の終りを期することができる。その意味において弥勒とおなじく等覚の位にあるものといわれる。それは親鸞にありてふかい感銘となった。それで、そのことをあきらかにするために、この真仏弟子章の後半が顕わされ、また『末灯鈔』の御消息にも、そのことがくりかえされている。こうして金剛心の行人は弥勒におなじく諸仏に等しきがゆえに真仏弟子と呼ばれるのである。

四

これで金剛心の行人はかならず仏のさとりに至ることができる、それで真仏弟子といわれるのであるということはあきらかとなった。しからばその仏のさとりにいたるとはどんなことであろうか。それは「必ず大涅槃を超証す」るからである。本願を信じ念仏することがかならず大涅槃を証ることとなるのである。碍《さわ》りなき光のうちに自身が見い出されて、その照覧の光に大悲を感じ、それを命としてたのむ、その念仏が人間生活を大涅槃へと帰せしめるのである。それは念仏の身において大悲の願心が信受せられるからである。本願は慈悲と智慧とのかぎりなき如来のこころである。人間とはその如来の本願のかかっている存在である。そのことを念仏するものは素直に信受するのである。そしてその本願力が信心の行者を大涅槃にいたらしめるのである。

しかるにそのことをあきらかにするためには、なによりも大涅槃の意義を知っておかねばならない。涅槃 **Nirvāna** は寂滅・無為を意味し、動乱のなくなった状態である。だからそのことばの意味では、風の静まったのも涅槃であり、人里はなれた山林も涅槃の境であるといってよいのであろう。されど嵐の前のしずけさであったり、「苦は色かえる松風の音」であったりでは、真の涅槃とはいえない。

しかれば人間生活をはなれて出家修行するといっても、真の涅槃の境に達することはできぬのではないであろうか。それを涅槃というならば、それは小涅槃といわねばならない。これにたいして大涅槃ということが求められることとなったのであろう。大涅槃とは大般涅槃である。般《ハツ》Pari は完全ということである。完全なる涅槃であるから円寂である。それは人間生活をはなれずに人生を尽くして感ぜられるものでなくてはならない。しかし人間生活とは反涅槃のものであり動乱きわまりなきものである。その人間がどうして大涅槃を証することができるであろうか。それはただ念仏のこころに信受せられる如来の本願力の他ないのである。人間生活をして大涅槃に帰せしめたい、ということが如来の本願である。その本願に順いゆく行が即ち念仏である。

その大涅槃の境地は一如無為である。それは差別動乱の人間生活にかけられたる本願の世界である。ここでわれらは一応、差別を人間の関係において、動乱を一生の変転において見ることとしよう。とすれば老・少・善・悪を差別しても、それぞれの業縁のつながりにあるかぎり、すべての人の救われる普遍の法でなくては、だれ一人も救われることはないであろう。そこに一切衆生の救われる一如の浄土が願われているのである。またわれらの一生は苦・楽・悲・喜の変転きわまりなきものである。したがって、それぞれの時において無限の大悲を感ずることなくば、一生は無意味のものとなるのであろう。しかれば転変の人生を永遠の無為に帰せしめるものは大悲の本願であらねばならぬ。その大涅槃へと信心の智慧がみちびくのである。

しかし差別動乱の人生がそのままに大涅槃の境地となるのではない。一如無為の境地は人間生活の彼岸にあるのである。だからその証は来生にと期せられるのであろう。されどその彼岸はこの世を超えてこの世を包み、その来生は現生を超えて現生を摂めているのである。

これに依り真仏弟子章はまったく現生の利益を説くこととなった。ここに大涅槃を超証すということの意義がある。超証するものなればこそ現生の利益があるのであろう。その人生に与える功徳利益は、この世の外に浄土はないというような見識をもってはたして感知し得るであろうか。超証の語、ふかく身につけねばならぬものがあるのである。

二　身心柔軟

本文　『大本』にのたまはく、たとひわれ仏をえたらんに、十方無量不可思議の諸仏世界の衆生の類、わが光明をかふりて、その身にふるるもの、身心柔軟にして人天に超過せん。もししからずば正覚をとらじ、と。

口語訳　『大経』に言う。われ仏とならば、十方の量りなき世界の群生、わが照らす光明がその身に触れれば、身も心も柔軟なること人天に超えたるものとならしめよう。しからずば正覚の身とはなるまい。

一

これは『無量寿経』に説かれた四十八願の第三十三の願である。「大本」というは『無量寿経』のことである。阿弥陀仏（無量寿仏）の浄土を説く経典のうち、とくにひろくその本願を説いてあるので『大無量寿経』といい、略して大経とも大本ともいうのである。「たとひわれ仏をえたらんに」とは、阿弥陀仏が法蔵菩薩となりて衆生を摂取して仏となろうと願われるのである。

「十方無量不可思議の諸仏世界の衆生の類」というのは、十方衆生のことである。十方に無量不可思議の世界がある。それらの世界にはそれらの世界のあるべき道を説く仏がある。それで十方衆生のあるところを諸仏の世界と呼ぶのである。その衆生にたいして「わが光明を蒙りて、その身に触るるもの、身心柔軟にして人天に超過せん」と願をかけられた。身心の柔軟であることは、人間の健全なる状態としてもつとものぞましいものである。しかるにそれが頑《かたくな》になり固くなりがちである。そのために悪をも犯し不幸にもなるのである。如来はこれを悲しみてこの願をたてたまいた。しかれば「人天に超過せん」ということは世にまれなるものということであろう。「人天」といってもひろい意味において人間のことである。人中において果報の勝れたものを天という。その果報すぐれたものは、果報のおとるものよりも身心柔軟であることができるようにおもわれる。されどそれは表面だけで、内心はかえって頑固であるかもしれない。その頑固さを解く大いなる光がなくては、人天みな真に身心柔軟であることができぬのである。それで如来はこの願を起したまいて「もししからずば正覚をとらじ」と誓われた。衆生を身心柔軟にせねば仏とはならぬとの誓いである。願にはかならず誓いがともなわねばならない。誓いなき願は、ただ希望である。願いなき誓いは、破棄されるかもしれない。誓いありて願は力を具え、願ありて誓いは堅固となるのである。

それでこの願は触光柔軟の願と呼ばれている。しかして親鸞はこの願の利益をうくるものを真仏弟子とせられたのである。

二

ここで第一に留意すべきことは、如来の本願は十方衆生にかけられてあることである。衆生とは群萌であり、庶民であり、凡夫であり、煩悩をはなれることのできぬわれらである。触光柔軟ということも、この衆生にかけられた願である。したがって光「その身にふるるもの」とは煩悩具足の身であることはいうまでもないことであろう。「光は智慧のかたち」であるから、身もまた心のかたちであるにちがいはない。しかれば光を身に感ずることは、智慧を心に得ることの他ないのであろう。されどそれがとくに「身に蒙るもの」といわれてあるところに衆生にかけられた本願のこころがいただかれるのである。

したがってわれら凡夫が身心柔軟になるということは如来の光明に照らされて煩悩が解消されることであろう。それを『大経』には「この光に遇ふものは三垢消滅し身意柔軟にして歓喜踊躍し善心生ず」と説いてある。その三垢とは欲と瞋と愚かさとである。それが人間生活の垢となり、障碍となり、身心を固陋ならしめているのである。どこまでも権利を主張するものは欲のこころであり、そのために争うは瞋のこころである。それは畢竟自他の因縁をしらない愚かさによるものである。そこから自善他非の剛直さが生ずるのであろう。その自身のすがたが悲しむべきものとして光の前に見いだされる。そしてその悲しみにおいて三垢は自から消滅し身心柔軟になるのである。

光に遇うとは、光に照らし出されたことである。それは自身の存在が悲しむべきものとして見いだされたのである。それこそあたえられた凡夫の自覚ともいうべきものであろう。そこに踊躍歓喜とある経意がうかがわれる。それは闇路を照らす光に遇えるよろこびである。差別動乱の生活も一如無為の悲願に解消されてゆくよろこびである。それが踊躍歓喜と説かれたることは、とくに凡夫にあらわれるものであるからであろう。踊躍歓喜とはおもいもよらない感激をあらわすものである。

したがって「善心生ず」ということも、「共にこれ凡夫のみ」の自覚にあらわれるものである。それは「自然のことはりにて柔和忍辱の心も出でくべし」ということである。それはさかしく善悪を分別しての善ではない。「善きことも悪しきことも業報にさしまかせて、ひとへに本願をたのみまゐらす」ものにあらわれる善心である。宿業の生活が大悲に燃焼されて自然にめぐまれる功徳である。

三

しかるに仏教一般の思案としては、柔軟心の成就は聖道として願われているようである。菩薩は諸法《ものみな》の一如であることを覚《さと》る。それはすなわち平等の法身に帰依して差別の衆生を慈悲することなり、それで柔軟心が成就するのである。

したがって柔軟心は、智慧・慈悲・方便となってあらわれる。その智慧とは我を立てないことであり、慈悲とは他を了解することであり、方便とは善処することである。おもうに我を立てないことは一如の道理を帰依とするからであろう。運命の如に達すれば苦楽に惑うことなく、行為の如を究むれば善悪に執らえられることはない。畢竟はどうなってもよく、なにをしても差支えないのである。それは自暴自棄のようではあって、まったく異なるものである。帰依を失える自暴自棄は頑なに硬化せるものである。それこそ我を立てるものといわねばならぬものであろう。平等法身に帰依する智慧は苦楽の運命にもそのところを見いだし、いかなる行為にもその依るところをうしなわない。したがって善悪に我を立てるひつようがないのである。

これによりて他を了解する慈悲があらわれる。慈悲とは衆生の在り方を尊重するこころである。そこには自善他非の情は生じない。したがって他を征服して苦楽の場をあらそうこころにはならぬであろう。そこに見いだされるものは善処の法である。それはすなわち他を害しないで行ない得る自身の道である。この善処の行によってこそ柔軟心は成就するのである。

そこから柔軟心の行は普賢の徳をもつものと説かれてある。自善他非は独賢である。自他の一般化は普愚であろう。自身の分を尽くすことが他己の用に立つ、それが普賢行である。これすなわち差別の実際の上に一如の道理を現行するものである。これに依りて我はわが道を行ないつつ人びとの恩恵を感謝し、他は他の道を行なうことを見て、わがことのごとくに随喜することとなる。それが普賢の徳である。

しかるに親鸞にありては、この聖道としての普賢の徳は大涅槃を証しての後のことと期待された。それは真仏弟子にめぐまれている触光柔軟とは別のもののようにおもわれる。といっても柔軟心に別のあろう道理はない。しかれば大涅槃を証してのちにこそ無障無碍にと期待されるものが煩悩具足の現生においてめぐまれていることとなる。そこに真仏弟子のよろこびがあるのである。

四

されど柔軟心を体得せる聖賢と、柔軟心をめぐまれる凡夫とには、その心構《こころがまえ》の相違があるのであろう。已にいうように、一如の道理を覚《さと》るものには苦楽善悪に執らえられることはない。それこそ聖賢の境地である。そこに「随処に主となる」という見識も立つことであろう。されど煩悩具足の凡夫はいかにしても苦楽善悪をはなれることのできぬものである。善きことのおもわれせらるるも、悪しきことのおもわれせらるるも宿業であるわれらである。その宿業の悲しみにおいて苦楽の報いも受けねばならない。それは「随処に従となる」ものともいうべきであろうか。その凡夫の身に不思議にも柔軟心があらわれる。それはまことに念仏のこころに感知せられる如来の光明に依ることである。

ここに現生における「心光常護の益」というものがある。「摂取の心光は常に照護したまふ」とは迷い陥いるところを覚《さとり》へと護念せられることであろう。それは「煩悩を断ぜずして涅槃を得る」よろこびをあたえる光である。苦楽に迷いつつある身に、それを解脱する力をあたえ、善悪に執らえられつつあるこころに無碍のところを得しむる光である。これに依りて凡夫は凡夫のままにして聖賢とその徳をおなじうせしめられることとなるのである。

したがって仏弟子ということも、聖道においてのものと、おのずから感覚を異にするものであろう。真宗では師資相伝とか面授口訣とかいうことはかんがえられていない。それは如来の本願と苦悩の群生とのあいだに行なわれるものであるからである。しかればその真宗において師弟といっても、それは如来と衆生とを代表するものに他ならぬのであろう。教うる師はただ如来の本願を念じ、聞く信者は群生のこころをうしなわない。そこに真宗の歴史的伝統があるのである。それは師資相伝ということよりも、ふかい人間的自覚の底流となっているものである。

五

ここでふたたび柔軟の性格をかんがえてみたい。それは柔弱とまったく異なるものである。仏教の声明（音声学）に依れば音声には強・弱あり、剛・柔がある。しかるに剛なるものはかならずしも強ではなく、かえって弱と相応し、柔なるものはかならずしも弱ではなく、かえって強と相応するのである。しかして音声としてもっとも理想的なるものは、その柔にして強なるものであるということである。これによりておもうに柔軟性というものは、その柔にして強なるものであろう。仏の説法は八音であるといわれている。その八音を代表するものも柔軟の声であるにちがいない。その八音は衆生を慈悲して涅槃へとみちびく響きをもつものである。

こうして耳に聞こえる仏の音声は柔軟であるように眼に見られる仏の光明も柔軟であるのであろう。『観無量寿経』によれば観音の宝手からあらわれる光は「柔軟にして普ねく一切を照らし、衆生を接引」せられるということである。しかれば摂取不捨ということも光明の柔軟性に依りて行なわれるのであろう。『観経』にはまた柔軟性を如意宝珠とおもいあわせてある。その如意とは、おなじ経に「阿弥陀仏は神通如意」と説かれたことを想起せしめる。しかしてその如意とは衆生の意のごとくであって、それを如来の意のごとくならしめることであると解釈されているものである。しかればその如意こそは衆生を接引する摂取力であり、それの成し遂げられることは光明の柔軟性によるものであらねばならない。

しかれば身心柔軟というも、身心ともに順応性をもつということに他ならぬのであろう。人身の健康状態とは、順応性をもつことである。そのことは医学において説かれているようである。老人の哀れさは、身は硬化して寒暑に順応することができず、心は固陋になりて善き思想を受容し得ないことである。青年もただ剛直であることをのみ求むれば、かえって内部に脆弱さを生ぜぬとはかぎらない。真の力強さはつねに柔軟性を有つものであることは周知の事実である。しかれば身心柔軟ということも、人間の理想的状態として手近にもとめられているものに他ならぬのであろう。しかも現実にはそれは何人にも満足されてはいない。ここに触光柔軟の願意をおもう。まことに卑近にて高遠なる仏法である。

附　記

真仏弟子章については『教行信証講読』信証の巻（選集第七巻三〇九頁以下）に一応は解説した。また触光柔軟の願意についてはつぎの聞名得忍の願と共に『大無量寿経講話』上（選集第十七巻二九九頁以下）に詳細に述べたことである。その他、柔軟心のこと、智慧・慈悲・方便のことは機会のある毎に講話もし記録もせることであった。いまとなっておもえば仏教の精神というも身心柔軟ということの他ないからであろう。真仏弟子の徳として第一に挙げられることも意味ぶかいことである。

三　涅槃の智慧

本文　たとひわれ仏をえたらんに、十方無量不可思議の諸仏世界の衆生の類、わが名字をききて、菩薩の無生法忍、もろもろの深総持をえずば、正覚をとらじ、と。已上

口語訳　われ仏とならば、十方の量りなき世界の群生、わが名を聞かば、聖者としての涅槃を思念する忍《ちえ》と、もろもろの深き総持の慧《さとしさ》とを得せしめよう。しからずば覚の身とはなるまい。

一

身心柔軟ならば無生法忍《ねはんのちえ》があらわれる。涅槃の智慧によりて、いよいよ身心は柔軟となる。ここに触光柔軟についで聞名得忍を願われた仏意がある。それで親鸞もこの二願を別のものとせず、相待ちて真仏弟子の徳を顕わすものと領解せられた。

されど真仏弟子の名の意義に相応するものは、とくに涅槃の智慧を得たということであろう。已に「必ず大涅槃を超証すべきが故に真の仏弟子といふ」のであった。したがって無生法忍ということも信心の智慧に他ならぬのであろう。その信心は阿弥陀の名を聞くことによりてあたえられるのである。ここには仏名を聞くことにおいて自身を仏弟子として見いだすよろこびが感ぜら

れてあるのである。

ここでわれらはまずもって無生法忍を得ることは仏の名字を聞くことであることをあきらかにせねばならない。仏の名字とはすなわち阿弥陀仏という名号である。その仏の名を聞くことが信心の智慧となるのである。その仏の名を聞くことは聖教の説にもより、善き人の仰せにもよることであろう。それはきわめて手近にあるものといってよいのである。されどそれがいかに重大なることであるかは、十方の諸仏みな阿弥陀の名を称揚し讃嘆せらると経説されてあることでおもいしらねばならない。阿弥陀仏という名である。名はすなわち声であり称である。その名声を聞いて称念する、それが人間の生活に大いなる功徳をあたうるのである。阿弥陀仏の名のひびきがわれらを涅槃へとみちびくのである。

しかし「名」といえばかならずそれに相応する「実」がなくてはならぬのであろう。その実こそ光明の他ないのである。したがって身心を柔軟ならしめる光明こそは阿弥陀仏の名にそうとうする実というべきものである。その光明の他に仏身といっても実体的のものがあるのではない。それで光明無量のゆえに阿弥陀と名づくと経説されてあるのである。しかしその光明の実も仏名を称念することにおいてのみ感知せられるのである。称名の他に光明を仰ぎみる法はない。ここに阿弥陀という名のもつ力がある。その名がわれらを招喚《よびさま》して自己をしらしめ、光明の摂取を感知せしめるのである。

こうして名は名《よ》ぶものである。阿弥陀の名が暗黒世裡にあるものを光明界中へと呼ぶのである。愛憎に動乱するものを大涅槃界へと招喚するのである。その声を聞くとは、そのひびきを身心に感受することのほかはない。したがって仏の名を聞くものは無生法忍を得ることも自然のことであろう。しかしてこの無生法忍はすなわち身心を柔軟ならしめるものである。その智慧において無生法忍であることは、その感情において身心柔軟なることである。しかれば、光明に照らされて、名号を聞くということもいただけることであろう。

教法は光を体とすとも説かれてある。諸仏のすすめによりて阿弥陀の名を聞く。そこに真仏弟子のよろこびがあるのである。

二

ここで無生法忍という語の意義をあきらかにしておかねばならない。諸法《ものみな》の実相《あるがまま》は無生無滅である。それは「如」であり、その「如」より「来」れるものが真実の智慧である。その智慧を如来といい、その境地を涅槃という。それで「如来すなはち涅槃なり」ともいわれている。したがって涅槃は無生無滅の法である。その法に安忍する力をもつことにおいて智慧は忍といわれる。動乱の生活になれたるものは涅槃の法あることをしりても、それに耐えることができない。その耐える力、すなわち忍を仏名があたうるのである。

しかれば涅槃は無生であり、また無滅である。しかるに何故にその無滅をあらわさずに無生を要とせられたのであろうか。「諸行《ものみな》は無常であり、それ生滅の法」であるにちがいはない。とすれば永遠に滅びないものこそ願わしいものではないであろうか。しかるに仏教では「生滅を滅し已りて寂滅を楽とす」というのである。それは永遠に無生なるものを願うているのである。涅槃は不滅のものであるよりは、むしろ不生のものであることがよろこばれてある。そしてそこに近づきがたいにもかかわらず、ひきつけられるものが感ぜられるのである。

おもうに道理としては、涅槃を無滅というも無生というもおなじことであろう。已に涅槃は不死甘露の法とも説かれているのである。それにもかかわらずとくに無生の法として強調されてあることは、生滅の束縛を脱れることのできないのが凡夫の苦であるからであろう。愛憎の執著をはなれしめるものは不滅の真実というよりは不生の涅槃という方が適切である。その寂滅はいうまでもなく一度は滅しても、また生ずるというようなものではない。生滅ともに滅して生滅に執らえられない永遠に不生なるものである。永遠に不滅なる真実も、この永遠不生の境地に達せるものにあらわれるものではないであろうか。わたしはこれ已上に無生法という語のもつ感じを話すことができない。しかし幾らかでも、その感じをもたないならば、仏弟子とはいえないのではないであろうか。

このことはさらに智慧を忍の名で顕わされていることにもおもいしられる。忍は耐える力である。だから仏道としての忍は寒暑にも耐え、苦楽にも煩わされず、毀誉にも心をうごかさない力の内部的集中である。その忍の名が無生法につけられたのは、無生法に安忍することが、仏道の忍を成就するからではないであろうか。とすれば無生法忍を得ることは、寒暑にも順応し苦楽にも善処し、毀誉のよるところをも了解することとなるのである。それは内部への集中という緊張をも緩和して身心柔軟ならしめるものとなるのであろう。その無生法忍は、人間の生活をすてて、山林に静寂をたのしむ賢者のそれではない。それでとくに菩薩の無生法忍と願われたのであった。

三

しかるに真宗では「大涅槃を超証する」ことは、「来生の開覚」と期せられている。それは浄土へ往生することの他に無生を証る道がないということである。したがって往生というのは浄土を思慕しての「凡夫の情」であって、その実は無生である。これを「無生の生」という。しかれば無生法忍を得るということは、浄土往生に定まれる身の現生の利益といわねばならない。われらは往生浄土を願うことにおいて現生に無生法忍を得るのである。

ここには無生の智慧と、往生の感情との融和がある。人生の業苦を痛感するものにとりては、往生浄土の願いは自然の情である。されどその感情を知識化すれば、凡夫の迷想にほかならぬものとなるであろう。その感情を純粋であらしめるものは、無生法忍である。したがって無生法忍も浄土を願うこころにおいて支持せられるのである。もし浄土往生を否認して、無生法忍にとどまろうとすれば、それは、人間生活から遊離したものとなるであろう。ここにふたたび「菩薩の無生法忍」といわれた意味がおもいあわされる。菩薩とは、人間生活をはなれないで、仏道をもとむるものであるからである。

おもうに仏教は生死を問題とするものであるにちがいはない。されどその応答には二つの道がかんがえられるようである。一つは生死を即今の問題としてその解脱をもとむるものである。禅に代表されている聖道はこの道をとるものであろう。一つは生死を現生の問題として、その帰依をもとむるものである。生のよるところ死の帰するところに解脱の一境をもとむるものである。それが浄土の教えというものであろう。そこには生死解脱は願われてはいるが、しかし凡夫としての人間にとりては不可能であるという自覚があるのである。

その生のよるところとして如来の本願を信じ、その死の帰するところとして浄土の往生を期するのである。それはまことに自然の感情といわねばならない。したがってその浄土はこの世と地つづきではなく、その往生は現生と時間つづきではない。そこからの光はこの世を照らすがゆえに彼岸のものであり、それは無生であるから未来といわれる。それで無生の原語 Ajata は、未来とも来生とも翻訳された(『梵和大辞典』)のであろう。その未来はいうまでもなく三世に属するものではない。「生としてまさに受くべき生なく、趣として更にいたるべき趣なき」ところに感ぜられる超越的未来である。

四

こうして無生法忍を得るものは、また「もろもろの深き総持を得る」のである。その総持とはすくないことばでおおくの義を摂めるものである。「よく種々の善法を持ちて散失せざらしめ、よく不善根をさへて生ぜざらしめる、これを陀羅尼といふ」（『大智度論』）、その陀羅尼は総持の原語である。それで格言・教訓・偈文等が陀羅尼といわれるのであろう。いまここに総持というは、その善き格言等が身につくことである。聞くべき教法はひろくおおいことを要するのであるが、それを念持するためには、とくに手短かでふかいものがなければならない。その総持の徳が仏名を聞くものにあたえられるのである。

その総持の智慧を、とくに「もろもろの深き」ものに規定せられた。しからば深き総持にたいして、浅き総持もあることであろうか。

ここにおもいあわされるものは概念というものである。概念もまた総持であるにちがいはない。知識人は概念によりておおくの思想を総持しているのである。されど念仏者に願われているものは、そのような総持ではない。概念的思想にはまったく無能である者にもわすれられていない総持である。念仏すればかならず思い出される善いことばである。それがとくに深き総持といわれる所以ではないであろうか。

ただ念仏に受容せられる思想のみが真実である。またいかなる思想も念仏に摂取されなければ真実とはならない。こうして念仏はもろもろの善き思想を総持するのである。

五

これによりて経にはまた、浄土の道場樹を吹く清風に妙法の音声あり、それを聞くものは「深法忍を得て不退転に住し、仏道を成るに至るまで耳根清徹して苦患にあわない」と説かれてある。これすなわち仏名を聞くものは浄土の清風を感じ妙法の音声を聞くものであるということである。ここでとくに留意すべきは無生法忍を得るものは耳根清徹するということである。その耳根清徹とは、いわゆる耳順ということの徹底せるものであろう。それは能く人言を了解するから、美言に惑わず妄語に逆らわないものである。したがって、その境地に達すれば、すべては、善意に受容せられるから、苦患にあうことはないのであろう。無生法忍を得たるもののよろこびである。

しかるに経ではさらにその道場樹の「色をみる目も、音をきく耳も、香を知る鼻も、味を嘗《な》める舌も、光に触れる身も、法を縁ずる心も、みな甚深の法忍を得て不退転に住し、仏道を成るに至るまで六根清徹して、もろもろの悩患がない」と説いてある。この経意をおもうに、六根清徹ということも、耳根清徹を根本とするもののごとくである。これおそらく耳根の清徹しないものは、五感も六識も不透明であるということであろう。生来、聴覚の遅鈍であった身をかえりみておもいあたることがおおい。それだけ仏名を聞くものは、耳根清徹の利益をいただくありがたさを感ぜしめられることである。

その無生法忍による六根清徹とは、すなわち身心柔軟である。したがって「苦患にあわない」ということは身心安楽ということであろう。それで『大経』の身心柔軟を『如来会』では身心安楽と説かれたのであった。われらはあらためてその経意をいただかねばならぬ。

四　苦悩と安楽

本　文　『無量寿如来会』にのたまはく、もしわれ成仏せんに、周徧十方無量無辺不可思議無等界の衆生のともがら、仏の威光をかふりて照触せらるるもの、身心安楽にして、人天に超過せん。もししからずば菩提をとらじ、と。已上

口語訳　『如来会』にいう。われ仏とならば、量りなく辺りなき世界の生きとし生けるもの、わが照らす光に触れれば、身心の安楽なること、世の常ならざるものとなるであろう。しからずば覚の身とはなるまい。

一

『無量寿如来会』（菩提流支訳）は『大無量寿経』（康僧鎧訳）と梵本はおなじものである。されども翻訳者が別であるために、意味はおなじでありながら語感の異なるものがおおい。それだけ相補いて領解をふかくせしめられることである。それで『教行信証』では『大経』の意を助成するものとして、とくに『如来会』を尊重してある。ときには両経を一つにしてさえあるところがあるのである。

ここに引用されたものは『大経』の触光柔軟の願にそうとするものである。「周徧十方無量

無辺不可思議無等界の衆生のともがら」はすなわち『大経』の「十方無量不可思議の諸仏世界の衆生の類」である。その周徧十方とは十方に周徧していることであり、無等とは相等するもののないことで無数ということである。だからこれらの言葉の異同については問題はない。それでとくに留意すべきは光明を威光とし身心柔軟が身心安楽となっていることであろう。されどそれも身心柔軟であれば自ずから身心安楽であることはとうぜんであり、そうあらしめる光明には威力があるということもうなずかれることである。とすればただその事を身につけて、それ已上の思量は無用なることといわねばならない。親鸞のこころもその他はないようである。

されど浄土は極楽の名であらわされているために往生思想は功利的であると非難されているのである。聖教にもまた安楽浄土の名に執えられて受楽のために願生するものは往生することができぬと誡しめられている。しかるにここでは如来の願により身心安楽がめぐまれると説かれてあるのである。しからば凡夫の願いのぞむ安楽と、如来にめぐみあたえる安楽とは、性格的に別なるものであろうか。そこがわれらに課せられた問題であるのである。

二

しかるに安楽の意味については聖教のいたるところに説かれている。その一つとしてわれらは曇鸞の三楽の説を聞くこととしよう。「楽に三種あり、一には外楽、いはく五識所生の楽なり。

二には内楽、いはく初禅・二禅・三禅の意識所生の楽なり。三には法楽楽《がくらく》、いはく智慧所生の楽なり。この智慧所生の楽は仏の功徳を愛するより起れり」とある。ここに五識所生の楽というは感官をとおして外から受けるものであるから、もっとも常識的のものである。一般凡夫の楽とするものである。また初禅・二禅・三禅の意識所生の楽とは、特別の行徳として説明を要するものでもあろうが、いずれ感覚的な快楽を停止して内部に禅《しず》かなる安らかさをもつものであろう。それは聖賢のたのしみであり、哲人のよろこびであり、また芸道に満足するものの心境である。これらにたいして法楽《がく》の楽がある。それは仏の功徳を愛する聞法者の楽である。智慧の念仏の楽であり、真仏弟子の安楽である。

しかれば三楽というも第三楽をもって至極とするものとおもわれる。外楽をうしなえるものにも内楽はあるから、内楽なきものにも法楽の楽はあるのであろう。

とすればまた三楽の説は、外楽を追わずに内楽を求めよ、さらに内外の楽に執らえられずに法楽の楽を受けよとすすめるものであらねばならない。それが聖教の本旨である。それでこそ安楽の名にとらえられて功利的な願生になってはならぬと誡しめられるこころもうなずかれるのである。

されど法楽の楽は内外の楽をこばむものではない。すでに身心柔軟ならば五官の触れるところ、すべて苦患がないと説かれているのである。その安楽なる純粋感覚の世界こそ浄土といわれるものであろう。そうでなければ浄土の教説は了解することができない。したがって浄土はまた意識の内楽の満たされるところであろう。「仏法味を愛楽し、禅三昧を食とす」と歌われたのは内楽でなくてはならない。それではじめて身心ともに安楽といえるであろう。そこで聖教の意を測れば法楽の楽ありてこそ、まことに内外の楽も成就するということであらねばならない。そこには内外の楽を見うしなえるものには、法楽の楽はあたえられ、法楽の楽を得ることによりて、かえって見うしなわれた内外の楽もとりもどされるということがあるようである。しかるに内外の楽をうしなうことは、すなわち苦悩として感ぜられるものである。したがってここには真実の安楽は苦悩を機縁としてのみ感ぜられるという事実があるのではないであろうか。

三

ここでわたしは端的に問題の中心に触れることとしよう。それは人間にとりての身心の苦悩とは誠意の破綻に他ならぬということである。

浄土の教は苦悩の衆生の救いとして興起した。しかしその苦悩とは、ただ生活が不安であるというにとどまるものではない。善意のつらぬかれない悲痛である。夫人韋提希にとりては至誠のこころでの行為が、かえって受難せねばならないことになったという悲歎となったのであろう。されど釈尊の教に照らされてみれば、その誠意の底にも凡夫のふかい我執があったことをかえりみねばならぬのであった。人間苦が人間悪をしらしめるのである。その人間悪を照破する仏の威光でなくては、人間苦を除くことができない。ここには内外の楽を断念して、ひとえに悲願にめぐまれる法楽《がく》を聞くよりほかないのである。

われらの道念は生活の破綻によりてうちくだかれる。破綻は外から来るようではあるが、うちくだかれるものは内なる善心である。それに苦悩しないものは如来の悲願を信行することができぬのであろう。

その苦悩こそ人間的のものである。人間の愚かさ、罪のふかさ、力なさ等は、すべて苦悩において内感される。苦悩とは善心の力なさ、愚かさ、虚偽顛倒の感覚である。それなればこそ、その苦悩はただ念仏せしめ、ひとえに如来の悲願を信受する機となるのである。したがってそこにあたえられる法楽の楽は内外の楽を超えたものでありつつ、かえってまた内外の楽となるのであろう。この法楽《がく》こそは人間苦を機縁とするかぎりなき楽である。人と生れた悲しみをしらないものは、人と生れたよろこびをしらない。そのよろこびは地下を流れる清水のごとく、苦悩にうちくだかれたる底から湧き出ずるもののようである。

こうしてわたしは仏教で苦悩というは人間的のものであると領解した。それはただ生活の不安にのみ苦悩することは動物的であるという思想の上にたつものである。したがって生活の安定だけを幸福とすることは、かならずしも人間的でないとおもうているのである。されど人間の要求していう安楽というも、結局は生活の満足の外ないものとすれば仏教で苦悩というものは、とくに自覚によるものといわねばならぬのであろう。したがって安楽もまた「人天に超過」するものである。それはまことに如来の威神の力でなくては感受されないものである。

四

わたしはここで繰言となることを恥じず、身心安楽ということをことわけしてみたい。

身心は本より一如不二である。されど已に身・心というかぎり、また別である面もあるのであろう。だから身は安らかであるがこころは楽しからず、こころは安らかであるが身は痛むということもあるのである。しかしこころは身の「精」であり「神」であるから、その精神の安楽なくば身体の安楽も感知されぬことであろう。とすれば仏教に苦難というはつねに身の状態において説かれてはいるが、それはかならずこころの不安憂悩として感覚されているものであらねばならない。

この意味において地獄の苦というも精神的のものである。「いづれの行も及び難き身なれば、とても地獄は一定すみかぞかし」という表白には道念の破綻が悲しまれているのではないであろうか。強いもの勝（の畜生）も、欲望の満足をのみもとむる（餓鬼）も、それが人間生活の常態であると思想しているものには、苦難の悪道ではないであろう。

したがってそれらの人びとには、浄土の安楽は思慕されない。その安楽は彼岸的のものであるからである。

ここで「三塗苦難ながくとぢ、但有自然快楽音、このゆへ安楽と名づけたり、無極尊を帰命せよ」とある和讃を口誦んでみる。それは浄土の徳を讃嘆しているものではあるが、そのまま人間生活を懺悔しているのである。三塗（地獄・餓鬼・畜生）を苦難とするものは道念であるからである。

誠意をつくそうとするものが苦難によって自覚せしめられる自我愛と、人間悪の感覚である。人間の悲しみには底がない。したがってその悲しみを摂取して融和してめぐまれる安楽もまたきわまりなきものである。その安楽にあらしめる威神の光、それこそは無極尊と呼ばるべきものである。

五

これで安楽の性格も自ずからあきらかとなった。それはいうまでもなく涅槃の境地である。涅槃第一楽といわれている。『教行信証』では『涅槃経』によりて、それを大涅槃の大楽としてあらわしてある。

その解説によれば大楽とは「諸楽を断つ」ものである。苦あれば楽あり、楽あれば苦ありという。その苦なくして楽のみをもとむるものは凡夫である。諸仏の楽はその苦楽を超えたもの、すなわち無生法忍の境地である。だからそれは「不苦不楽」ということもできよう。

されど、その不苦不楽は、苦楽の感受性をうしなった病的のものではない。健全なる身心に内感される寂かなる楽である。大楽はすなわち「大寂定」である。この寂かなる楽は、一切の事理を了知する知慧によりて感得せられる。自然の現象、人間の愛憎等、すべてを了解することとなれば、もとめず争わずにおることができるであろう。

ここに「一切知」の大楽がある。一切知とは大いなるこころである。ながい眼である。そのこころにうけいれ、その眼をもって見ればおのずから寂静となり安楽となる。その境地に達すれば、老・死にもやぶられない身となるであろう。というのが『大涅槃経』の説くところである。

これは、いうまでもなく未来の証として説かれているのである。されど、仏弟子の受くる安楽も、それと異質のものではないであろう。

かえって煩悩を断ぜずして感受せられるところに、ふかいよろこびがあるのである。人間として受ける苦悩と念仏にめぐまれる安楽とは交感せられて、生のよろこびをふかくするのである。そこに彼岸無生の安楽が現生の利益としてあらわれることの意味があるのである。

散りゆく花にかぎりなき生命を感じ、いまにもしれぬ身において名残を惜しむ懐かしさがつきない。すべては滅びゆくとみるのみがただしく、滅びないものを思慕するは不正の見であろうか。

「滅びの光」を懐かしむこころには彼岸の無生が感ぜられているようである「生死の苦海ほとりなし、久しく沈めるわれら」であると、身にしみて感ぜしめられるときにも、身心の安楽はめぐまれているのである。まことにこれ仄かにして、しかもつくることのないふかいよろこびである。

五　師弟と善友

本　文　また、法をききてよくわすれず。みてうやまひ、えておほきによろこばば、すなはちわがよき親友なりといへり、と。

口語訳　また『大経』に釈尊は

みのりをききて　わすれずに
みむねをおもい　うやまいて
よろこぶあらば　その人は
わが善き友と　したしまん

とのたもうた。

一

これは『大経』に釈尊が真実の法に遇い難きことを説かれた偈文のうちの一節である。それが「また……のたまへり」と、あたかも前を承けたる『如来会』の経説のようになっている。ここらがさきにいったように二経を別のものとしておられない例である。

この経説においては、とくに「法を聞きて能く忘れず」ということに留意せねばならない。法とはそれに順うべき則である。それに順うて行なえばかならず涅槃にいたることを得る法である。その法とは、この経では弥陀の名号である。したがってその法を聞くとは、弥陀の名において、その本願をきくことである。それで経には聞其名号と説き、親鸞はその「聞といふは、衆生、仏願の生起・本末を聞きて疑心」なきことと領解せられた。それが聞法ということである。

しかれば「よく忘れず」とは、念仏の信心の相続することにほかならない。念とは「明記して忘れない」ことである。だから「よく忘れず」とは念のこころである。それで『教行信証』には「念仏はすなはちこれ南無阿弥陀仏なり。南無阿弥陀仏はすなはちこれ正念なり」といい、また「憶念はすなはちこれ真実の一心なり」とあらわしてある。まことに人間の生活においてつねに正念であるということははなはだ難い。煩悩に乱れているわれらである。こころ乱れては正念をうしない邪念ともなるのである。そのわれらを正念であらしめるものは念仏のほかにはない。そのの正念において「本願をつねにおもひいづるこころのたえぬ」を憶念というのである。しかればその正念といい憶念というは、八聖道として説かれた究極の正念・正定にもそうとするものであろうか。これまたさきに仏の名字をききて無生法忍を得ることを説かれた経意に相応するものである。

それであきらかにしられることは、おおくの教説を聞き覚えたのが、かならずしも「よく忘れず」ということではないことである。かえって博識多才であることが正念をうしなっていることにならぬともかぎらないからである。よき教を聞きながらわすれるということは悲しいことではあるが、聞きおぼえたことをたのみにすることはとくに反省せねばならぬことであろう。本願を信じ念仏もうす、そのほかに「法をききて能く忘れず」ということはないのである。

二

それから「見て敬ひ、えて大きに慶ぶ」とある経意も自から領解せられる。見とは法の尊さをおもいうかべみることである。敬とはすなわちその尊むこころである。しかれば見敬とはまさしく念仏のすがたであるといってよいであろう。仏前に合掌礼拝するはすなわち見敬である。時処諸縁をえらばず称名念仏するもの、これ見敬である。いかなる教説を聞くも本願のありがたさを感ぜしめられる。それが見敬である。

その見敬において大いなる喜びがあらわれる。それで「えて大きによろこぶ」と説かれた。それは欲望の満たされた喜びではない。生の根源から涌きあがる喜びである。ある悩みのとりのぞかれた喜びではない。こころからなる幸福を感じての喜びである。人生の意義の見出だされた喜びである。生のはじめと死のおわりとつつんでの大いなる喜びである。たとえその日その日の煩い悩みがあっても正念をうしなわれないかぎりは、けっして消失することのないこころの底なる喜びである。これすなわち信心歓喜と説かれた、その歓喜である。

その聞法・慶喜の人を釈尊は「わが親しき友」であると仰せられた。ここに「友」というのはふつうに朋友といわれているもののようである。字書でも「同志を友といい同門を朋という」と解してある。しかし友愛とは兄弟のいつくしみである。しかれば同志を友というは、そのしたしみが兄弟のいつくしみのごとくであるということであろう。それはおなじ血をわけたものという感じである。まことにそれは同門・同志の相互にある感情であろう。しかしその同門・同志ということは、また師を同じうすることであらねばならない。そこには師弟と親友とを同視することができぬものがあるのである。しかるにわれらにとりては大師である釈尊が、どうして聞法・慶喜の人をわが親友であるといわれるのであろうか。

ここに推測されることは同法ということである。釈尊にとりても「法はわが師」であり、弟子たちにたいしても「法を灯とせよ」と教えられた。しかれば師弟というも法をおなじくするものでなくてはならぬのであろう。たとえ先覚と後覚との別があっても、法をおなじくしなければ師弟とはいわれない。同法の因縁において師弟があり、師弟の因縁によりて同法の喜びが深くなるのである。これすなわち法の真実なることは師弟の因縁により証明されるということである。師教の真実を弟子が証明し、弟子の証明によりて師もまたその自証の喜びを深くする。これすなわち釈尊も同法の弟子を親友と呼ばれるこころであろうか。『華厳経』には仏説法の会坐に来集する文殊・普賢等の菩薩をあげて、これみな釈迦仏の宿世の善友であると説かれてある。その経説はまことに感銘のふかいものである。

三

されどいまここに親友というは、その文殊・普賢等の大菩薩ではなく、また舎利弗・目連等の聖賢でもない。たとえ念仏するといっても煩悩具足の凡夫である。それがどうして「わが善き親友」といわれるのであろうか。

これを釈尊の心境として思念することは畏れおおいことである。ただ仰いでありがたくいただくのほかないことであろう。されど釈尊の大悲においては案外にも正法の真実の証明を群生海の信心の上にもとめていられたのではないであろうか。『法華経』によれば如来の久遠の寿命を証明するものは地涌の菩薩であった。これすなわち如来の大悲を証明するものは愛憎を遠離せる聖賢ではなくして、大地にしたしんでいる凡夫であるということであろう。大地に語って大地が聞く、その深く大いなる法を説くことが釈尊の本懐であったのである。

それは『観無量寿経』の教説において、とくにあきらかにせられた。霊山会上の大説法をすてて韋提希夫人のために王宮に降臨せられたのである。これは単に臨時の説法としてのみ解せらるべきものではない。いかに大医といわれていても重病人をすくうことができなければ満足できぬことであろう。釈尊に自証せられた仏法は、ただ聖賢によりてのみ伝承せられるものではなかった。正法の真実は、かえって乱れ散るこころをどうすることもできなかった女性韋提希が身証せるのである。それは煩悩を断ぜずして涅槃を得る道であった。

ここにおもいあわされることは、菩薩大士は衆生のために不請の法を説き不請の友となるということである。その不請の法とは涅槃への道である。衆生の請求しているものは欲望を満足する法であって涅槃への道ではない。されどその涅槃こそ衆生の本来あるべき境地として仏智に悲念せられているのである。その如来の心境においては、覚れる自身も迷える衆生も法をおなじうるものであることが明知せられていた。それが衆生にたいして不請の友となり、不請の法を説かずにおられなかったゆえんであろう。しかるにいまここに衆生の聞法歓喜において、その願が満足されたのである。そこから「わが親友」であるというおん喜びともなったのであろう。不請の友が善親友として満足されたのである。

おもうに不請の友にたいしては、とくにその請が待たれることであろう。大乗経典のおおくは、大弟子たちの要求があるにもかかわらず、容易に説法を受諾せられなかった。これおそらく聖賢にたいしてはとくに自覚・自証をもとめられたからであろう。しかるに浄土の経典にありては、ひたすらにその請を待ち設けて説法せられている。その問が待たれている。それは不請の友であるからである。

四

これで釈尊が念仏者を親友と呼ばれる心境をいくらか推測し得たようである。されどそれは、念仏者もまた釈尊を親友と呼び得るということにはならない。われらはあくまでも「釈迦諸仏の弟子」であることに、喜びを感ずるものである。けれどもまた善親友と呼ばれる大師のこころをありがたくいただき得るものがわれらになくてはならぬのであろう。それはどう思念すべきものであろうか。

ここでわたしは法然にたいする親鸞の心境を想察してみたい。この師弟の名告にはふかい同法の喜びがある。それは「善信が信心も聖人の御信心も一つなり」ということであった。しかしそれは「聖人の御智慧才覚ひろくおはしますに一つならんと申す」のではない。その智徳の別においては、あくまでも法然は師であり、親鸞は弟子である。師上人はその高徳を仰がれる出家の聖僧であり、親鸞は愛欲と名利とをはなれることのできない凡僧である。それにもかかわらず師上人と親鸞とは法を同じうし信を同じうするものであることをいいきることができた。まことにふかい感激である。その感激こそ師弟の因縁の不思議をおもわずにおれないものにしたのであった。

おもうに因縁において存在をみるものは仏法であり、存在の上に因縁をつけようとするものは外教であるといってよいであろう。その因縁をしらしめるものは法を同じうすることである。因縁とは一如の道理をあらわすものであるからである。したがって師弟という存在も、ただ同法の因縁においてのみ見出されるものであろう。だから先進と後進とがあっても、それだけで師弟の因縁がつけられるのではない。たとえそれを師弟と呼んでみても仮の名にすぎぬこととなるであろう。親鸞に反対して師弟の信心は別であるといった人びとは、それに気づかなかったのではないであろうか。

されどすでに師弟同信をいいきることのできた親鸞にとりては法然との邂逅の因縁のありがたさのみが感じられたのである。それが遠く宿世をおもうこころにならしめたのであろう。しかしてその宿世感情において釈尊にも親友と呼ばれるありがたさを感じられたに違いない。それがこの経文を愛誦せられし親鸞の心境であったのであろう。『正像末和讃』にも、その喜びが歌われているのである。

五

こうして釈尊の心境を推測せることも、省りみれば善親友という語にこころひかれてであった。しかるにその善友という感覚内容はことに師を同じうするもの相互の間においておもいしられることである。善き師あれば善き友ありといわれている。親鸞も法然を師とすることによりて、聖覚・隆寛等の人びとと友となられたのであろう。しかれば釈尊を大師とする聞法歓喜のわれらのあいだにこそ、真実の友情が感ぜられてあらねばならない。その友なくしては、仏弟子というも空しき名とならぬであろうか。

法を同じうする善友の喜びはあげつくすことはできない。かれ法智の喜びを語れば、われ機情の徹せざるを悲しむ。その悲喜は交感されて融けゆくのである。わがこころにおもうところを彼のことばとして聞くことにおいて、かえってわがこころの足らざることをかえりみる。これによりて法はふかく身につくのである。そこには先進・後進等の一切の別はわすれられている。これまことに同法・善友のあいだにのみ行なわれる純真なる感情である。

しかるにこの善友の感情は相知のあいだに止るものではない。名告りあわない法縁の友がある。見知らない同法がある。それらの人びとも釈尊に「わが善き親友」といわれているのである。しからばそれらの人びとは時と処とをへだてていても同法のしたしみあるものでなければならない。そのしたしみは意識を超えての力となり、念仏者のこころは浄められてゆくようである。

この同法の喜びは、父子・兄弟・夫婦の間にももとめられているのである。あるいは同法の喜びをもちてこそ、真実の父子・兄弟・夫婦であるということができるのであろう。人縁をそのままに法縁とすることこそ、如来の悲願であるからである。

六　勝れた功徳

本　文　また[1]のたまはく、それ至心ありて安楽国にむまれんと願ずれば、智慧あきらかに達し、功徳殊勝をうべし、と。また[2]、広大勝解者といへり、と。また[3]、かくのごときらの類、大威徳のものは、よく広大異門にむまる、とのたまへり。また[4]のたまはく、もし念仏するものは、まさにしるべし、そのひとはこれ人中の分陀利華なり、と。巳上

口語訳　また「至心に安楽に生まれようと願うものは、智慧は明らかに達《さと》り、功徳は殊に勝れたるものになる」といい、その人を「広大勝解者」といい、「かくの如き大いなる威徳あるものは、能く広大なる仏国に生まる」と説かれた。

またいう、念仏する人は、これ人中の白蓮華である、と。

一

ここの経文(1)は『大経』(2)(3)は『如来会』(4)は『観経』である。それをみな『大経』の「またいはく」にせられたのは、いずれも真仏弟子の智徳をあらわすものとして別はないからである。念仏者は「至心ありて安楽国に生れんと願う」ものである。その浄土を願うこころに、明らかなる智慧は開け、その浄土を願う身に勝れた功徳がめぐまれる。これすなわち浄土の功徳が念仏

者の身心にあらわれるからである。

この智徳は親鸞によりて「称名はよく衆生の一切の無明を破し、よく衆生の一切の志願を満たす」と領解された。「智慧あきらかに達」するとは一切の無明の破れて、事理にまどわないことである。それは人間であることの愚かさともいうべき根本の無明が照らし破られた身となれば、おのずから人事一切にともなう愚かさもしられてくるということであろう。それがかえって人間生活に碍りなからしめるのである。これすなわち念仏者の智慧は浄土の光をうけ、涅槃にむかうからである。

したがって、そこにめぐまれる「功徳殊勝」とは「一切の志願の満たされる」ことであろう。功徳とは行為の功能《はたらき》によりて得られる福祉である。しかればそれは精神的価値、内面的幸福、おのずからそなわる人格品位というようなものであろう。それらはすべて浄土を願うことにより、生死に帰依のところを得たる身にあらわれるのである。已に帰依のところを得たものは、いたずらに幸福を名利の満足にもとめない。功徳は自身の分限内に感じられてあるからである。そこに、一切の志願は満たされているのである。

それで経には浄土を功徳成就のところとして説かれ、論には浄土を「衆生の願楽《ねがう》するところ、一切よく満足す」と解釈されたのであろう。その浄土の功徳は浄土を願う者に廻施せられるのである。しかしてその浄土の徳とは、すでにあきらかにされた身心安楽ということでもあろう。感覚も感情も純浄とならしめられる身心の安楽、それこそ真実の幸福である。

二

ここでわたしは六波羅蜜をおもいあわせる。布施・持戒・忍辱・精進・禅定・智慧、これが自利々他の仏道である。この六行によりて涅槃の彼岸に到ることができる。波羅蜜とはすなわち到彼岸ということである。しかし、この六行のうち、布施乃至禅定は福徳といわれ、智慧は智徳といわれている。しかれば智徳をそなうる念仏は、おのずから六波羅蜜の行を摂めているものではないであろうか。このことは、『教行信証』に引用された竜樹の『十住論』に指示せられている。念仏の信者は「如来の家」に生まれる。その如来の家には六波羅蜜の功徳があるということである。

されど経説にある六波羅蜜は、到底われら凡夫の行ない得るものではない。所有物のみではなく、身命をも喜捨する布施である。貪惜のはなれないものの行ない得ることではない。二百五十戒と規定されたきびしい持戒である。五戒すらももち得ないもののおもいおよぶものではない。その他の四行、推してしるべきである。しかるにその難行のできぬ念仏者に、その功徳がそなわるということはどういうことであろうか。

わたしはここで分限の生活ということをかんがえてみたい。凡夫には凡夫の分限があり、庶民には庶民の行業がある。その分限をつくして用に立たしめられる。それこそ凡夫の自利々他ともいうべきものではないであろうか。それは布施をおこなわないで布施の徳をそなうるものである。しかればその分限をまもるのが持戒であり、分限に安んずるが忍辱であり、分限をつくすことが精進であると、いってよいのであろう。それによりて名利をおう動乱をはなれて身心ともに禅定《しずか》となり、いよいよ涅槃に帰依する智慧をふかくすることとなる。こうして六波羅蜜の行徳も念仏者にめぐまれているようである。

とはいえ、この分限をまもるということは容易ではない。内に満足することははなはだ難いことである。いっさいの行動は現在の不満足によるものであるとさえいわれているのである。その意味においては、真に内面的幸福を感ずることは、六波羅蜜をおこなうことよりも難いことであろう。その難いことが、浄土を願う者にあたえられるのである。これで念仏者は「智慧あきらかに達し、功徳殊勝なるを得べし」と説かれた経意もありがたくいただけることである。

三

この人を「また広大勝解者という。」その広大勝解者とは仏智不思議を信ずるものであると領解されてきた。しからば智慧明達ということと同義と解してよいのであろう。しかるに勝解とは判断をあやまらないことである。判断することに猶予《ためらい》のないことである。真実に「ものわかりのよい」ことである。それは目前の事物にかかわる知識ではできることではない。ながい眼をもって大局をみる善意の智慧によるものである。だからとくに広大勝解者といわれるのであろう。その智慧はつねに涅槃を念じているものである。しかれば広大勝解ということは、すなわち智慧明達の力用《はたらき》といってよいものである。

したがって功徳殊勝ということも、その広大勝解の智慧によることであろう。その人は財宝の貴ぶべきことをおもわぬのではない。されど財宝に執着すれば、かえって心貧しきものとなることをしっている。だから貧富の判断を財宝の有無によりておこなわない。そこに富貴の満足がある。その人は生命のたいせつなることをしらぬのではない。されど生命に執着すれば、かえって今日一日の生のありがたさを感ぜぬこととなるであろう。だから生命の有無を年齢の長短によりて判断しない。そこに真実の生命がめぐまれている。こうしていっさいの知識分別は、明達の智慧へと摂取せられる。そこに内面的幸福があり、道徳的価値が感ぜられる。これすなわち広大勝解による殊勝の功徳の満足である。

これによりて親鸞はいっさいの価値判断を念仏の信心によりて為された。「善悪の二つ惣じてもって存知せず」ということも「念仏にまさるべき善なきが故に」である。また、是非といい、虚実といい、真偽といい、浄穢といい、豪賤というなどの、すべての判断を念仏によりてせられた。(『教行信証』行巻)そこにはわれらをして正念であらしめるものは、ただ念仏であるということがおもいしられているのである。こうして「ただ念仏のみぞまことにておはします」ことが領解せられ、信心の行者こそ希有最勝人であるといわれる高貴性をも感ぜられたのであった。

四

その人はまた「大威徳あるもの」であり、「よく広大異門に生まる」と説かれている。威徳とは威神功徳である。それは人を敬服させる力である。いうことを信用してもらえる徳である。これすなわち「一切の煩悩・諸魔・怨敵」も害することができず、「天神地祇も敬服し、魔界・外道も障碍することなし」と説かれたものである。

この威徳は賢者の自尊心の表示というようなものではない。ただ身にそいたもう念仏の力である。しかし念仏する身に自ずから威徳がそなわるということは、畢竟、これ摂取の光中に自身が見出だされたからではないであろうか。ここには念仏によりてのみ、人は独立することができるということがあるようである。魔界・外道は何物かにたよろうとする心につけ入りてあらわれるものである。なにものをも憑まないものには鬼神もなんらすることもできない。かえって敬服するよりほかないのである。しかれば「ただ念仏のみぞまことにておはします」とおもいしれるものこそは、大威徳者であるのであろう。

その大威徳者は「広大異門に生まれる」。この「広大異門」という語ははなはだ解しがたい。

古来の学者は、これを浄土のことと領解している。おもうに異とは特殊ということであり、したがって異門とは特殊の法門ということであろう。そこへ「生まれる」という語感から推せば、その特殊の法門とはすなわち浄土の法門に帰入することであらねばならない。それをいまここに「広大異門に生まる」と説かれたのである。

したがって、ここでは「門」という語に拘泥せぬほうがよいのかもしれない。門は家である。一家を一門という、その家門である。だから広大異門とはすなわち如来の家である。まことに浄土こそは一般の人間の家の狭小なるにたいして広大異門といわれるものであろう。ここは一如無為の領域である。老少善悪の人をえらばない広大無辺の世界である。念仏者はその家に生まれるのである。

しかるに浄土を「如来の家」ということは、すでにいうように竜樹によりて説かれたことである。また世親の『浄土論』に依れば、浄土は五念門の成就するところである。礼拝・讃嘆・作願・観察・廻向を入出の五念門とせられてあるが、その入出の他に浄土の家徳があるのではない。それでその五念の行によりて浄土に近づき、大会衆の数に入り、宅を経て、屋に入り、園林遊戯に出ずることをも五功徳門といわれている。これ畢竟、門即家であるからである。

しからばどうして家が門といわれるのであろうか。門があるから一切の怨敵は家に侵入することができない。しかも一たび門内の人となれば出入は自在である。また門外の風光も門内のものとなるのである。この門の特異性が仏法にあるのである。だから仏法は世間の知識にさまたげられることはない。されど一たび仏法に入れば、世間の知識もまた仏法の智慧に摂取せられる。その広大異門となるものが浄土のさとりである。

したがって、そこへ「生れる」ということも、智慧の感覚であると領解してよいのであろう。生まれるとは感ずることである。人間に生まれたということは、人間の感覚を有つことになったことであろう。しかれば浄土に生まれるとは、浄土の感覚を有ったということであらねばならない。その浄土の感覚が念仏者にあらわれるのである。しかして、それがやがて涅槃のさとりをひらくことになるのであろう。おのずからなる道理である。

五

また「この人は分陀利華なり」と説かれた。分陀利華は白蓮華である。ここには白蓮華にたいする特殊の美感がおもいあわされているのであろう。真夏の朝、すがすがしい空気を呼吸しつつ白蓮華をみることは、いかにも清涼の感じをあたえる。その感じが念仏者の上におもいあわされたのである。

されど経文は、そのことよりも泥中に咲ける華であるということに重点があるのであろう。「高原の陸地には蓮華は生じない。卑湿の泥中に蓮華は生ずる」。念仏の信心は聖賢のこころに育ったものではない。貪瞋煩悩のなかより生ずる浄行である。そこに真実の宗教というものの意義もあるのであろう。したがって宗教は愛欲の転化せるものであるからとおとぶべきものでないという思想は成立しない。かえってそこにこそ真実の宗教の功徳があるのである。

この分陀利華の経説によりて善導は念仏者を妙好人とよばれた。それはのちにでてくることであるから、ここでは言及せぬこととしよう。ただここで看過してはならないことは、「この人」という語にたいする親鸞の解釈である。「この人」とは経文に是人名㆓分陀利華㆒とある、その是人である。念仏者を指して是人というのである。しかるに、『一念多念文意』には「是人といふは是は非に対する語《ことば》なり。真実信楽のひとをば是人とまをす、虚仮・疑惑の者をば非人といふ。非人といふは人にあらずと嫌ひ、悪しきものといふなり。是人はよきひととまをす」と解釈せられてある。親鸞にはこのような解釈がおおい。ここらにも広大勝解の意義をおもいあわすべきものがあるようである。

七　説聴の方軌

本文　『安楽集』にいはく、諸部の大乗によりて、説聴の方軌をあかさば、『大集経』にのたまはく、「説法のひとにをいては、医王のおもひをなせ。抜苦のおもひをなせ。所説の法をば、甘露のおもひをなせ。醍醐のおもひをなせ。それ聴法のひとをば、増長勝解のおもひをなせ。愈病のおもひをなせ。もしよく、かくのごとき説者・聴者は、みな仏法を紹隆するにたえたり。つねに仏前に生ぜん」と。乃至

口語訳　『安楽集』にいう。説聴の方軌に就て。『大集経』にいう。法を説く者は、医王の想《おもい》を作し、苦を抜く想をなせ。その説く法を甘露とおもい、醍醐とおもえ。法を聴く者は勝解の増長を想い、病の癒えるをおもえ。しかれば説者と聴者とみな仏法を興隆するものとなり、常に仏前に生まれるであろう。

一

真仏弟子の智徳を説く経文について、これからは高僧の領解である。そのはじめにあげられたのは道綽の『安楽集』であって、ところどころ「乃至」とあたかも一つの長い文章を略抄せられたようにみえる。されど、じつはそれぞれ別のところにあるものをあつめられたもので、その内

容もまた一つではない。しかるにそれを連引せられたのは、すべては念仏者の功徳にほかならぬからであろう。したがって説聴の方軌をあかすものは、ここではただはじめの『大集経』の説だけである。

その経文は六つの「想《おもい》をなせ」で成立している。そのうちはじめの四想は説者の用意であり、のちの二想は聴者の心得であるにちがいはない。すなわち、法を説く者は自身を医王として聴者の苦を抜くものであり、その説く法は甘露であり醍醐であると想うべきである。それにたいして聴者はその法を聞いて勝解を増長し、病の癒ゆる想をなすべきであるということである。

しかるにそれがそれで済まされないものがある。それは原文の聴法者を「聴法のひとをば」と訓読してあることである。このをばの語感から推せば、のちの二想は説法者の聴法者にたいする用意であり、これにたいして前四想はかえって、聴法者の説法者と法とにたいする心得のようにおもわれる。それは自身を説法者の位置においてかんがえない親鸞のこころとして、いかにもとうなずかれぬことはない。しかしそうなれば、前四想は領解されるが、後二想はさらに不自然に感ぜられぬであろうか。

そこで六つの想いをすべて聴法者の用意として領解すべきであるという先進の説がある。されどそれには聴法者をばの訓を聴法者自身をばと解せねばならぬ無理があり、さらに「説者・聴者はみな仏法を紹隆」するという経説に相応せぬものである。それにもかかわらず、この先進の説にはこころひかれるものがある。それはおそらく、説者・聴者を分くる経意にも反くものではないであろう。それでわたしは、経説と祖意との相応を念じつつ、解釈してゆきたいとおもうのである。

二

如来は医王であり、善知識は良医である。このことは親鸞にもふかく感じられていたのであろう。『教行信証』にもところどころにでていることである。たとえ病に身・心の別があっても、治療のこころに別はない。身心は一如であるから、身に病あるときには心に痛みがあり、心になやみあれば身に苦あるは事実である。それがかっては惑病同源を説ける学僧あり、今日では精神医学の分野がひろめられることとなった所以であろう。こうして病気を治すことは病人を治すことでなければならぬということとなった。

しかし、そうなれば良医はかならず真実なる人間観を有つものでなくてはならぬということになるであろう。また真実なる人間観を有つ教家は、おのずから良医の徳をそなうるものであらねばならない。抜苦ということも、その良医によりておこなわれるのである。

その実例として説かれたものは、阿闍世王の獲信の物語である。阿闍世は身に難治の病の発生したことを、かつて父王を殺せし罪悪のむくいと感ぜざるを得ないのであった。しかるにそれを慰諭せる六師外道は、すべてその病源に徹することができなかった。したがってその思想はただしい人間観でなかったために、ただいたずらに阿闍世の道念を麻痺せしめようとするものとなったのである。それは要するに真実に人間苦をしらないものであった。

しかれば精神治療とは思想的に病人の神経を麻痺せしめることではない。その病源をあきらかにすることである。それは心苦をいっそう、ふかくせしめるかもしれない。されどその心病の根源に道念のあることをしっている良医は、けっしてその治療をあやまることはないであろう。阿闍世にとりてその良医となれるものは耆婆であった。耆婆は阿闍世の心病の根源に漸愧心あることを見出だして、その道念を世尊の教えへとみちびけるのである。それが不思議にも世尊の月愛三昧の光をうけて、まず身病を治し、ついで心病を治することとなったのである。

ここには人間の病を治療しようとするものは、かならず病人の道念を喚起せしめねばならぬということがあるようである。病人の憂悩するものは、生きるのぞみの失われることである。その憂悩を除去するためには、ただ失望するにおよばないことを保証するだけでは十分ではない。その憂悩を道念に高めて、おのずから憂悩を解脱せしめるものでなくてはならぬのである。

人間の苦悩をすべて生存欲にのみよるものとおもうことは、人間みずからを侮辱するものである。いかなる苦悩も、それが人間としての苦悩であるかぎり、その根源にはしられていない道徳心があるのである。その道徳には大悲同感してのみ人間の苦悩は除去せられるのである。しかして、その大悲同感の心あるものこそ、医王による治病に他ならぬのである。

三

病は「治る力」と「治す力」と相待ちて癒やされるということである。したがって「治す力」といっても「治る力」の助成をもって理想とすべきものであろう。しかれば仏教に応病与薬ということも道念の力を生起せしめるものにほかならない。これによりて『涅槃経』には諸仏の説法に軟語《やわらかさ》と呵責《きびしさ》とがあることを説き、また良医は風・熱・水の三種の病相をしることに寄せて、諸仏に貪欲・瞋恚・愚痴をのぞく法あることが説かれている。それを親鸞は『教行信証』化身土巻に引用していることはとくに善知識の教化に信順すべきことをあきらかにするためであろう。されど、その三種の病も「無碍光仏のひかり」により、ただ念仏三昧によりて治癒されるのである。それによりて身心安楽となるのである。

これによりて「所説の法をば甘露の想をなせ。醍醐の想をなせ」という経意がうかがわれる。甘露は長生不死の妙薬といわれている。それは生命の根源を養うものであろう。「涅槃をまた甘露と名づく」と説かれている。その甘露の門をひらけるものは、如来の大悲・大智である。しかれば「甘露のおもい」とは、無生法忍を得るよろこびにほかならぬのであろう。長生不死というも、いたずらに年齢をくわえることではない。聞法のありがたさは、即今の一日に永遠の寿命を内感せしめられることである。

醍醐もまた涅槃の味をもつものである。これは牛乳を精練せるものであるが、これを服《のむ》すれば一切の病が治るということである。しかるにその一切の病を治するということについては、また阿伽陀薬というものがある。それは、大信海が頓、漸、定、散、有念、無念、多念、一念、等に、分別さるべきものでないことにたとえられて「阿伽陀薬のよく一切の毒を滅するがごとし。如来誓願のくすりは、よく智愚の毒を滅す」と説かれてある。しかれば、醍醐が一切の病を治すということは、すなわち「よく智愚の毒を滅す」ことであろうか。病は愚かさにのみあるのではない。智に執えられるところにも毒がある。その病毒ののぞかれたるところに、身意柔軟があるのである。

しかるにその阿伽陀薬とは無病不死の薬ということであって、別にその名の薬があるのではない。とすれば甘露といい醍醐というものが、すなわち阿伽陀薬といわれるものであろう。したがってまた薬といっても、ただ病を対治するものではなく、真身を養う食物である。仏教に薬物というは食物であるということである。しかれば甘露といい醍醐というも、とくに日常の食物としての美味《うま》さというものがおもわれているのであろう。煩悩動乱の人間生活をして大涅槃へと帰入せしめる、その妙味をあたえられるものが聞法の利益である。

四

これによりて聴法者には増長勝解と癒病との想いがあらわれる。増長勝解とは、さきの経説にある広大勝解である。よき判断の智慧が生ずることである。それが外他のものにとらえられる病を癒して内なる生命に満足せしめるのである。

わたしはそこで親鸞が「難化の三機、難治の三病は、大悲の弘誓をたのみ、利他の信海に帰すれば、これを矜哀して治す。これを憐愍して療したまう。たとえば醍醐の妙薬の一切のやまいを療するがごとし」といえる領解をおもいあわせる。「難化の三機」とは五逆と謗法と一闡提とである。道徳無視と宗教無用と、宗教無関心との三者である。この三者は難治の三病であって、いかなる良医も治療することができない。それは自身は病人であることをしらないからである。

仏法を説く者も、その教化しうるものは、道徳になやむものと、ただしき人生観をもとめるものとである。その求道の心なきものを、どうして教化し得るであろうか。ここをもって如来の本願においても、「ただ五逆と正法を誹謗するものを除く」といってある。これは如来の悲願は、ひとえに苦悩の群生にかけられていることをあらわすものであろう。

しかるに逆・謗の衆生は苦悩をしらない。そのかぎり、それは縁なき衆生といわねばならぬのであろう。

されど無限の大悲よりいえば、この逆謗の者こそ救われねばならぬものである。病ありながら無病であるとおもうているものほど、危ういものはない。

ここにはその人に有病をおもいしらせねばならぬ教法と、健全と誤認している病人との対決ともいうべきものがなくてはならぬのであろう。しかれば、この対決のおこなわれるものこそ、「説聴の方軌」というものであろうか。

本願には逆謗をのぞくとあらわされている。しかるに親鸞はその逆謗のものこそ本願の正機であると領解せられた。わたしはその思想の矛盾を解決することができない。されど真に正法から除かれたものであると自覚せざるかぎり、如来の悲願を信楽し得ないことは事実である。ここには無限の大悲と無限の懺悔との呼応があるのである。

五

こうして「説者・聴者は、みな、仏法を紹隆する」こととなるのである。説者は自身が説けばこそ法は広まるものとおもっている。されどいかに説く人があっても、聴く人なくば法は広まらない。その事実からいえば、仏法の興隆は聴者の増加によることはあきらかである。しかれば聴者ありて説者もまた仏法の興隆に参加するものであるといってよいのであろう。

といっても説者なしには聴者はあり得ない。ここには説者によりて聴者がよびだされるのであるか、それとも聴者の要求に応じて説者があらわれるのであろうかという課題がある。しかし説者と聴者との関係は、けっして人間的馴れ合いではない。それは説法と聴法という同法の因縁においてあるのである。その法縁が見失わるれば教団の繁栄があっても仏法の興隆とはいえぬのであろう。この意味において仏法を興隆するものは、仏法そのものにほかならぬのである。

　しかれば「つねに仏前に生ぜん」という経説もその意にて領解すべきものであろう。それは浄土に生まるる身となるということである。説者も聴者もともに一如のさとりをひらく身となるということである。まことに仏法の興隆というも、その信証のほかにはない。そこに法縁による人縁のよろこびがあるのである。

八　大悲の受施

本　文　『涅槃経』によるに、「仏のたまはく、もしひと、ただよく至心をもてつねに念仏三昧を修すれば、十方諸仏つねにこのひとをみそなはすこと、現にまへにましますがごとし」。このゆへに『涅槃経』にいはく、「仏、迦葉菩薩につげたまはく、もし善男子・善女人ありて、つねによく心をいたし、もはら念仏するひとは、もしは山林にもあれ、もしは聚落にもあれ、もしはひる、もしはよる、もしは坐、もしは臥、諸仏世尊、つねにこの人をみそなはすこと、目のまへに現ぜるがごとし、つねにこのひとのために、しかうして受施をなさん」と。

口語訳　『涅槃経』には、仏、迦葉に告げて、念仏の徳を説く。「もし善男子・善女人ありて、常によく心を至し、専ら念仏する者あらば、山林であれ村落であれ、昼夜をいわず、坐臥に拘らず、十方の仏たちは、常にその人を見《みそな》わすこと、目の前に現われましますが如くである。乃至しかしてつねにこの人のささげる施を受けたもう」と。

一

本文は『涅槃経』により、おなじことが繰返されているが、前は経によりての道綽のことばであり、後のが正しく経のことばである。したがって後の経意を領解することが、道綽のこころをあきらかにすることになるのである。

念仏三昧の人を諸仏は照覧せられる。その三昧というは時・処・諸縁をえらばず、行・住・坐・臥をきらわないことである。すなわち山林であれ村里であれ、昼夜と坐臥とにかかわらないことである。しかして、そうであることのできるのは、ただ念仏だけであるといってよいのであろう。だから仏たちもつねに念仏者の前にあらわれて、その念仏者のこころを受容し護念せられるのである。

こうして人間生活の一切が念仏三昧の機縁となるのである。しかしてそれはすなわち念仏相続によりて人間の一生が「涅槃へ」のものとなるのである。

二

山林はさびしく聚落《むらざと》はにぎやかである。しかればそれでいかなる所でもということをあらわすものであろう。そのさびしい山林にありても、こころはかならずしも静寂ではない。止観の月にも妄雲は覆い、看経の窓にも邪念が入るのである。ましてや聚落にありては、人間のまじわるところ、身をわずらわし、こころを乱だすことのみおおいことである。それで山林と聚落とをあげて人間生活のところを表示し、そのところにおける諸縁をえらばないことをあらわされたのである。

しからばまた山林と聚落とは人間生活を象徴するものと領解してよいのであろう。山林とは自然を代表するものである。われらの宗教心というものは、大自然にたいする人間の微小感から生まれた。無常迅速、生死事大というも、要するに人間の存在に疑をもち、永遠真実なるものを思慕することにほかならないのである。そこには再生のなやみというものがあった。それは無自覚なる生を脱却して、ただしく人間の人間としての自覚に立とうとするものである。しかして、その再生のなやみによりて身証されるものこそは、生死即涅槃ということであった。それはすなわち無常の即今において永遠の生命を内感するよろこびである。

これにたいして聚落は人間の交絡するところである。それは自然にたいしてではなく、自と他との愛と憎しみとによる生活を意味するところである。そこに感ぜられてあるものは、人間生活の煩いなやみである。その煩いなやみにおいて、われらは、しばしば知識も用に立たない憂苦におちいり、善心もたのみにならない不幸に遇わしめられる。それはおおくの人びとの経験せねばならない運命であるということである。しかるにこの人間生活の破綻ともいうべき経験が主我心を燃焼して無限の大悲を感ぜしめるのである。これすなわち宿業の懺悔を機として信ぜしめられる如来の本願である。

しかれば山林にもあれ、聚落にもあれ、念仏するもののまえにはつねに諸仏があらわれるということは、生死の不安も愛憎の煩悩も念仏すれば解消されるということであろう。こうしてわたしは、山林と聚落とをもって人間の一生における宗教経験の時処を象徴するものと領解するのである。

三

ここであらためてあきらかにしておかねばならぬことは念仏者のまえに諸仏があらわれるということである。念仏は、「仏を念ず」るのであるから、その仏は薬師であれ釈迦であれ、それを分け距てするべきものではない。しかしその念仏のこころは、かならず南無阿弥陀仏でなくてはならぬのであろう。だから念仏とは拝む心であるとすれば、その拝む心を表現するものはすなわちナムアミダ仏である。薬師仏を拝むにもナムアミダ仏、釈迦仏を拝むにもナムアミダ仏である。さらに逝ける親を仏と拝むこころもナムアミダ仏であり、亡き子を仏と拝むこころもナムアミダ仏である。まして祖師をおもい善知識を念うて拝む心は、ナムアミダ仏のほかにはない。「大空に弥陀を拝まん月こよい」と歌う心も、ナムアミダ仏である。

ここでわれらは阿弥陀仏とは諸仏と対立して、その独一の存在を面目とするものでないことをしらねばならない。したがって諸仏もまた各個の存在として拝まれるべきものではないのであろう。阿弥陀というは真無量であるから、それは諸仏の心境である。その無限の大悲をそれぞれの機に応じてあらわしたものは諸仏の徳である。ここに阿弥陀仏を念ずれば、諸仏がその人の前にあらわれるという意味があるのであろう。病になやみて念仏すれば、阿弥陀は薬師とあらわれ、生死に迷いて念仏すれば、阿弥陀は釈迦となりて解脱の道を教えられる。その諸仏というも、阿弥陀の徳にほかならぬものである。

しかるに阿弥陀仏を独一の存在として拝むならば、それは諸仏を各個の存在として崇めることとおなじく、真実の念仏とはいえぬのであろう。それはいかにしても仏教的のものとはいわれない。これによっておもうに、念仏とは、ナムアミダ仏の名号であるということも、このことをあきらかにするものであろう。「木像よりは絵像、絵像よりは名号」といわれていることは、木像や、絵像やは、阿弥陀仏を存在として拝むことになるからではないであろうか。諸仏の大悲を象徴する尊像が実体的のものとして執えられることは、悲しいことである。そこになれば名号はただちに阿弥陀の徳をおもいしらしめるものである。阿弥陀の名において、われらは時・処・諸縁による自己に当面し、そこに現前せられる諸仏の徳を感ずるのである。

四

「もしは昼、もしは夜」ということばは、昼夜をわかたずということであるから、ただそれだけでほかに意味がないようである。しかし老人となれるわたしにとりては、素通りのできないものが感ぜられる。それは老人となれば、朝・夕によりて世界観がかわるといわれていることもおもいあわされるからである。昼は人並にあかるく仕事をしていても、夜となればさみしさにたえられない。その気分の変動は青・壮年のときには感ぜぬことであった。その明るい仕事も念仏にすすめられ、その淋しいこころも念仏でなぐさめられる。とすれば、「もしは昼、もしは夜」とは、とくに老人のために用意されてあったのであろうか。

しかし昼は職場ではたらくときである、夜は家で休息するときであるとすれば、ひろく人間生活の「時」を昼夜というのであろう。ここでは人びとが昼夜においていかに思想し、いかに行為するかは問題ではない。ただ念仏してあれば、行為も専心になり、思想も涅槃するものとなるのであろう。念仏は人生の昼において生のよるところをしらしめ、人生の夜において死の帰するところを感ぜしめるのである。

「もしは坐、もしは臥」とは行・住・坐・臥の姿勢にかかわらないことである。禅ならば坐せねばならず、祈りならば住でなくてはならぬのであろう。念仏にはそのすがたの定まりがない。したがっていついかなるところでも念仏することができる。人ごみの乗物のなかでも、郊外に散歩するときでも、めでたき祝の場でも、悲しき弔の日も、心耳に聞かしめる称名は行なわれる。しかして、それによりて、それぞれのときのこころが、しずめられ和められてゆくのである。こうして人間の一生が念仏の機縁となることによりて、浄土への道となるのである。

五

ここには念仏のこころに諸仏があらわれるという事実がある。念仏とは仏の存在をみての上の行ではない。もし仏の存在をみての上の念仏であれば、いついかなるときでもということにはならぬであろう。念仏する人は、諸仏にみられている。それは照らし出されたものとしての自身の発見である。こうしてこの身を照覧せられるものとして諸仏は、「現に前に在す」のである。

しかしてその諸仏は「つねにこの人のために受施をなす」のである。その受施とは念仏者のさげる施を受けられるということである。これはおそらく仏の「応供」の徳を意味するものであろう。施とは供養であり、受とは応である。仏教には三宝にささげものをすることが美徳とせられている。それだけ供養を受けるということは、容易ならぬことであろう。

「施すものは天に生れ、受けるものは獄に入る」ということがある。その徳なくして、施を受けることは空おそろしいことである。その徳において受施の資格あるものは、諸仏のみであるといわねばならぬのであろう。

しかるに供養するものにとりては、その受施者がもとめられているのである。そこには三宝は福田であるという信仰があり、供養とは、その幸福の田地に種子をまくことである。しかしその供養をうくるものにその徳がないならば、あたえられる幸福も真実のものではないであろう。とすれば、ここに諸仏のなされる受施とは、念仏者のために真実の福田となるということであろうか。幸福は凡夫のこころによりて得られるものではない。ただ念仏において感受せられる、それが真実の幸福である。

これで受施ということばも領解し得たようである。しかしわたしには、受施ということばからくる特殊の語感がある。それは念仏者の心境を受容しつつ、諸仏はその徳を施されるということである。いいかえれば、受とは如来の大悲摂受であり、施とは如来の功徳廻施である。念仏するものの心は、いかに愚かに惑えるものであっても、如来はそれを無理のないものとして受容せられる。無限の大悲である。絶対の同情である。しかしてその大悲から仏智が施されるのである。無限の智慧である。それによりてわれらにあらわれるものは絶対の懺悔とでもいうべきものであろう。その心境のうえに如来の徳が感ぜられるのである。

こうしてわれらのかなしみはうけいれられて、よろこびが施され、おもいあがりが受けいれられて、謙虚が施され、すべての煩悩のこころがうけいれられて、如来の功徳が施されるのである。これによりて、いかなる罪障も無限の大悲に解消されないものがなく、いかなる功徳も念仏によりてあたえられるものにまさるものがないのである。

これこそ、まことに転悪成善の益というべきものであろう。こうして、「煩悩を断ぜずして涅槃をう」る人生があたえられているのである。

九　法王の臣民

本　文　『大智度論』によるに、三番の解釈あり。第一には仏はこれ無上法王なり。菩薩は法臣とす。たとぶところ、おもくするところ、ただ仏世尊なり。このゆへに、まさにつねに念仏すべきなり。

口語訳　『大智度論』に念仏を宗とすべきに就て三通の説がある。第一には仏は無上法王であり、求道者は法臣である。されば尊重すべきは、ただ仏世尊である。だから常に念仏すべきである。

一

『大智度論』は第二の釈迦といわれた竜樹の著作として権威あるものである。それで曇鸞・道綽らの高僧たちも愛読せられたのであった。その『大智度論』に念仏を宗とすべき第一の理由として「如来は無上法王であるから、道を求める者は、みずからを法臣として、仏を尊重すべきである」と説かれている。しからば真仏弟子のこころは、如来を法王とする臣民のよろこびであらねばならない。

ここにはとくに東洋人らしい情意があるようにおもわれる。釈迦は国王となるべき位をすてて出家修道せられた。しかしそれは煩雑なる世間を厭うて隠遁の生をおくらんがためではない。ひとえに生死解脱の法をもとめて一切衆生の帰依をあきらかにせんがためであった。しかるにそのことが、やがて世王から法王へと転じられたものとして崇められることになったのである。それで大衆への説法も、世王の鳳車に擬して転法輪といい、教義も旗印とおもいあわされて三法印といわれたのであった。この意味においては『大無量寿経』に説く法蔵因位の物語も、如来法王の久遠の願心をあらわすものといってよいのであろう。

したがって、その国中人天にたいする本願は、また人王の精神であるべきものである。それは権力による支配をのぞむものであってはならない。庶民と苦楽をともにすることが王者の精神である。しかしてちかくその精神をおもいあわさしめたものは父母の子にたいする慈愛である。その親子の情と君臣の義とを一にするところに「公《おおやけ》」という思想があった。阿弥陀の徳というも、この「公」の精神の純粋清浄なるものにほかならぬのであろう。家をはなれ国をすてて仏法をもとめられたことは、親子の情も君臣の義も、真実に「公」ではないということが機縁となったにちがいはない。されどそれはまた真実の「公」を見出す基盤ともなっているのである。そこに「如来は一切の為に、常に慈父母となりたまへり」といい、また「如来は無上法王なり」という感激があったのである。「菩薩の仏に帰するは、孝子の父母に帰し、忠臣の君后に帰して、動静己にあらず、出没かならず由あるが如し」という表白も、その感激においてなされたのである。

そこから浄土は「法王の家」としたしまれ、また「弥陀の本国」として思慕されたのであった。

二

「公」とは普遍のこころである。それは「共」通というようなものではない。ここには普遍と一般とを区別せねばならぬものがあるのである。人間は幾十億ありても、自己はただ一人である。されど人間として自己をおもうときには、その一人である特殊の個性を無視せねばならない。それはいかに人間のありかたを規定してもまぬがれぬことであろう。しかるに人びとはみなその個性をもつものである。とすれば、その特殊性を包摂する普遍なるものがなくてはならぬのであろう。その普遍のこころが「公」といわれたものであった。

それはちかく親の子にたいする慈愛にあらわれている。親にとりては子は幾人ありても、みな一子《ひとりご》である。だからその慈愛は子の数によりて等分される、というようなものではない。そこに無限のこころがある。しかして、それとおなじ感情が国民のうえにおこなわれるものを王者の徳とせられたのであった。こうして国民というものも家族意識の拡張として思想せられたのである。したがって道徳というものも、この家族意識のうえにたつものであった。「一切の有情は皆もて世々生々の父母兄弟」である。しかるに人間はなにゆえに怨親の距てをせねばならぬのであろうか。「さるべき業縁のもよほせば、いかなるふるまひもすべし」というかなしみにも家族意識があるのであろう。業縁において宿業を感ずること、そこにうち砕かれたる道徳心がある。しかしてその道徳心が、その根本をたずねて如来の悲願に帰するのである。そこにおもいしられるものは一切の衆生を「一子のごとく憐念す」る阿弥陀の大悲である。その阿弥陀の大悲は、すなわち普遍のこころである。

三

しかるにいまや君王の政治は亡び、家族制度は廃せられることとなった。それは家を出で国を棄ててもとめられた仏法の立場からいえば、おどろくべきことではないかもしれない。されどこれによりて「公」の道理をしる基盤も見うしなわれ「血のつながり」ということも感知されないこととならば、普遍のこころを受容する機縁もなくなりはせぬであろうか。

問題はおもいのほか、深刻なところにあるのかもしれない。わたしたちにとりては生活とは職業をもち、家族があるということであった。その職業は自己の能力をあらわす意味とよろこびとをもつものであり、その家族には愛憎が生じても人間であることの感知は失われはしない。しかるにいまや、職業といっても、本来の意味はうしなわれて機械的の労働となり、家族も個人の集合にほかならぬものとかんがえられているようである。ここにはあらためて生活とはいかなるものであるかということを問題とせねばならぬものがあるようである。したがって、ここに要求されているものは生活に即する教法というようなものではなく、生活をとりもどす教法というものでなくてはならぬのであろう。それだけ「いかにして普遍なるものを見出すべきか」があらためて真剣なる問題となっているのである。

しかし問題が、そこまできびしくなれば、応答は、かえって身ぢかにあるかもしれない。人間の生活が見うしなわれたことをかなしまねばならぬそのときこそ、人間の生活の取もどしが要求せられているときであるからである。歴史的現実はけっして一方的ではない。殿堂は廃墟の上に立つということがある。家族制度が廃せられて強いられた孝行は無用となっても、親子の感情はそれによりてかえって純粋となる。親が子にたいする愛は動物にも見られるものであるかもしれない。されど子が親をおもうこころは人間にかぎるものである。それは生の根源をたずねる魂の郷愁である。したがって親の慈愛を証明するものも親をおもう子のこころのほかにはないのであろう。その生の根源をもとめざるを得ざるこころこそ、人間愛の母胎となるべきものである。いかに制度はかわっても「一切の有情は皆もて世々生々の父母兄弟なり」という感情は消失すべきものではない。これに依りて国王は「公」を象徴するという意味もあきらかとなるのであろう。

その普遍のこころが受容せられることとなれば、機械的に見える労働も職業としてのよろこびをもつことになるのではないであろうか。いかに機械が精巧になっても、畢竟は人間が優位であるということである。しかれば生活の帰依となるものの他に生活を取りもどす道もないのであろう。こうしてわたしたちは如来は無上法王であるという教えに新たなる感銘をおぼゆるものである。

四

生の根源をもとめて、それを人生の終極とする。それが念仏のこころである。しかしてその生のよるところ死の帰するところを一如無為の浄土とすることは、差別動乱の業縁になやむ人間のふかい願いによるのである。その願いはただ阿弥陀の願いとしてのみ成立するのである。

これによりてあらためて弥陀法王の願いをおもう。その最初に願われたものは「国に地獄・餓鬼・畜生のないように」ということであった。これすなわち一切の群生の現実は地獄・餓鬼・畜生であるということをかなしむものである。しかれば地獄・餓鬼・畜生といっても人間生活を象徴せるものにほかならぬのであろう。それで韋提希夫人が「この濁悪処は、地獄・餓鬼・畜生盈《よう》満す」と悲痛せる言葉も了解せられる。その意味においてとくに現実の問題とせられているものは餓鬼である。いいかえれば生活問題である。社会問題といっても、大部分は貧富の差による苦をのぞくことに集注されているのである。これによりておもいあわせば畜生の苦とは、権力の支配下にあることであるということを得るであろう。ここでは動物をあらわすにとくに畜生という語をもちいてあることに留意せねばならない。禽獣虫魚ということばもあり、蜎飛蠕動の類という表現もある。動物それ自体をあらわすことばに不足はない。しかるにとくに畜生ということは、人間に飼育せられて、畢竟は人間の犠牲になるものという意味であろう。しかればそれは奴隷をおもいあわされたものにちがいない。したがってその意味を推求すれば人権平等の問題ともなるのであろう。こうしてわたしたちは如来の本願にも社会の現実がかなしまれてあったことをおもわしめられるのである。

しからば地獄とはなにか。それこそ現実のなかの現実であるとすれば、愛と憎しみとの人間業の苦でなくてはならぬのであろう。ここでわたくしは親鸞がとくに「地獄は一定すみかぞかし」といえる語に留意せしめられる。それは餓鬼や畜生を免れ得ても地獄は逃れられぬ、ということではないではないであろうか。親鸞の著作を一貫して人間の苦悩とせられているものは愛憎の煩悩である。罪悪深重といっても、煩悩熾盛に内感せられるものに他ならない。しかして、この地獄苦のみは如来の悲願を仰ぎ、浄土を思慕する他に救われる道はないのである。これにたいすれば、餓鬼・畜生の苦は種々の方法によりて解消されるかもしれない。そこに人間愛も強調せられているのであろう。されど地獄の苦が和らげられぬかぎり餓鬼・畜生の苦も真実には除かれないのではないであろうか。

ここに「国に地獄・餓鬼・畜生がないように」ということを第一の本願とせられた如来の大悲をいただく。われらは念仏のこころにおいて、その悲願の功徳を受用せしめられているのである。

五

しかれば如来は無上法王であるということは、弥陀の仏国を願う念仏者の心情であらねばならない。したがって弥陀の本願を躰して教法を説かるる釈迦・諸仏もまた無上法王といわるるのである。諸仏はその在り方において如来であり、その徳において阿弥陀であり、その現身において世尊といわるる。この意味において諸仏・阿弥陀は畢竟じて一如である。

これによりて親鸞は諸仏が阿弥陀の名を称揚することをもって、念仏こそ普遍の法であることをあらわすものとせられた。「大行とは無碍光如来の名を称することである。この行はよろずの善を摂め、よろずの徳を具えて、速かに称うる身に円満する、真如一実の功徳の宝である。故に大行と名づけられる」。しかしてこの大行を成就するものこそ「諸仏称名の願」にほかならない。ここには阿弥陀の名に具わる普遍の徳が説かれてあり、それならばこそ大行といわれることがあきらかにせられている。その「大」とはすなわち普遍を意味し、また「公」を意味するものである。したがって念仏とはこれ凡夫の身において如来の行が行ぜられるものに他ならぬのである。

ここには普遍の真実は諸仏の教法でなくてはあらわされないことが信知せられている。人間の知識はいかに進歩しても、一般的の真理を見出すにとどまるであろう。したがってその知識によりて見出だされた道徳は、真実に人間の帰依となることができない。しかれば、いつの世にありても「ただ念仏のみぞまことにおはします」のであろう。しかして如来はつねに無上法王にてましますのである。

十方のひじりみなともに　うやまいたもう尊さの
うえなき徳を仰ぎつつ　仏に帰命したてまつる
世界の数は多くとも　世尊は一人いますのみ
大法王とかしこみつ　仏に帰命したてまつる

——『往生要集より』——

一〇　身心の教養

本　文　第二に、もろもろの菩薩ありてみづからいはく、「われ曠劫よりこのかた、世尊われらが法身・智身・大慈悲身を長養することをかふることをえたりき。禅定、智慧、無量の行願、仏によりて成ずることをえたり、報恩のためのゆへに、つねに仏にちかづくことを願ず。また大臣の王の恩寵をかふりて〔つねに〕その王をおもふがごとし」。

口語訳　第二に聖者たちは表白せられる。我等は遠き昔より、世尊に依りて、我等の法身、智身、大慈悲身の長養を蒙り、禅定、智慧、及び無量の行願を成ずることができた。その報恩の為に、常に仏に近づくことを願う。それは恰も王の恩寵を蒙った大臣は、常にその王を念うが如くであると。

『智度論』に念仏を勧めてある第二のことばである。諸仏世尊はとおいむかしから、われらの法身・智身・大慈悲身が教養せられた。そのおかげでいまは禅定・智慧と無量の行願とを成し得ることになったのである、ということが道をもとめるもののよろこびである。

ここでとくに留意すべきことは、世尊の教えによりて養われるものは、法身・智身・大慈悲身という「身」であることである。仏法は知識として心に了解せられることにのみあるのではない。智慧として身に行証されねばならぬことである。それは善導は学解と学行とに分けられた。しかしてその学解はどれほど博識であってもよいことではあるが、学行はかならず有縁の法によるべきであると説いていられる。その学解を増進するものは知識であり、その学行にありて獲得せられるものは智慧である。しかしてその学解をひらかしめるものは知識人であり、博学者と呼んでいるのであるが、学行をすすめるのは、とくに祖師といい善知識とよぶのである。諸仏世尊というのは、その祖師であり、善知識である。

「経教は鏡のごとし。しば〳〵読み、しば〳〵尋ぬれば智慧を開発す」る。有縁の善知識に遇える身のよろこびである。しかるに現代の学者には、その経教を分解し批判するものもある。その研究によれば仏教の祖師たちにも知られていないものがあるということである。われらはその知識を否認することができない。厳密なる調査の発表であるからである。されどそれはわれらの身に感ぜられる聖教の智慧ではない。この身に受容せられるものは、高僧たちの教法の領解に躍動している力である。そこに道念の面目がみられるからであろう。その学行の智慧によりてこの身は化育されるのである。そこに感知せられるものは、歌い得ない耳にもなごむ名曲のしらべのごとく、舞を習わぬ身にもおこなわれる踊躍の歓喜である。

ここに人身というものの意味があるのである。それが実存として物の存在と別かれているものであろう。実存者には存在の内にXがある。そのXこそ身の心《しん》であり、精神といわれているものである。この実存者は、いかにしても写真し得ないものであろう。写真は機械であるからである。そこに名手による肖像画の要求せられるゆえんもあるのであろう。知識の限界もおもいあわされることである。

しかれば精神教育ということも、この身の教化せられることに他ならぬのであろう。いかに知識が増進しても、それで道徳がおこなわれることとはならない。仏教を学ぶことが、かならずしも仏教に学ぶこととならぬのは悲しむべきことである。しかるに仏教に学ぶためには、かならず有縁の善知識を要する。ここに諸仏世尊の教化の恩徳が説かるることとなったのである。

二

しからばまずもって法身の長養とはいかなることであろうか。すでにいうように法は身に受け容れられるものであらねばならない。それは人間生活の大地に法雨を浸潤せしめることである。したがってその法水にうるおされている人身を法身というのである。われわれは教法に化育せられて法身地に任せしめられるのである。

その「法」とは因縁であり、実相であり、真如であり、涅槃である。しかしてその「法」を「身」につかしめるものは教説の感化である。それは感化であるからつねに聞法として相続されるものであらねばならない。ただ理解するだけでよいならば、かさねて聞くを要せぬであろう。頭脳のよい人は、ただ一度でも解ることである。されど感化には薫習の時を要する。法身は聞薫習によりてのみ長養するのである。それが「曠劫よりこのかた」と説かれたゆえんであろう。われらの聞法は今生にはじめられたのではない。とおき父祖からの伝統によるものである。それが宿縁となりて法身の血となっているのである。

その法身の長養によりて、禅定は成立する。その禅定とはこころ禅《しず》かにして、底ふかく安定していることと解してよいのであろう。かならずしも坐禅とか精神統一とかいうものではない。たとえ坐禅といい精神統一といっても、法身が長養されていなければ成就するものではないであろう。教法の薫習によって、われらはおのずから一如の道理を身につかしめられるのである。生死は一如である。自他は一如である。内外も一如である。われらの意識は、それらの分別をはなれることができなくとも、法身地はその道理に感化されているのである。だから生死の不安のうちにも、それに動顛しない涅槃が感ぜられてあり、自他に煩い悩みつつも、浄土の光に照らされており、内外を知覚しながら、一如の妙境に悠遊せしめられるのである。これこそ法身の長養によりて、禅定を成就するという事実ではないであろうか。

三

これをもって推せば、智慧の成就することも智身の長養によるものであらねばならない。その智慧は幾度もくりかえせる「広大勝解」であり、善意の判断である。しかるにその智慧も智身によらねばあらわれない。そうでないとそれは知識と別のないものとなるであろう。智慧が知識化されるか、それとも知識もまた智慧に摂取せられるか。それを決定するものはただ智身が化育されているかどうかによることである。

われらは知識を無用とすることはできない。文化は知識によりて増進し、生活はそれによりて便利にもなっているのである。まことに知識こそ人間の偉大なることをあらわすものであろう。されどそれが生活を機械化し人間疎外ともなりかねないということはなぜであろうか。知識のゆえに自己をほこり、知識のゆえに自己をうしなう。そこに賢き人間の愚さがある。その人間の愚さを救いて知識を十分の意味あらしめる道はないのであろうか。

わたしは仏教に学解と学行とがあることをしった。それは学解を無用とするものでないことはいうまでもないことであろう。学行に専念せられた祖師たちも学解はせられたのである。それは学行に摂取せられるかぎりにおいて、学解は道心をゆたかにするからである。したがって学行のこころに受容せらるれば、学解も「なくてはならぬ」ものであるが、もし学行を無視するならば、その学解は「なくてもよいもの」となるであろう。その学解はいたずらに人間のこころを混乱せしめるものとなるからである。

親鸞にとっては、その学行とは「本願を信じ念仏もうす」他にはなかった。したがって、ただ念仏のこころに受容せられてのみ、一切の思想は意味をもつこととなるのである。それは智身による智慧であるからである。

四

しかれば大慈悲身を教養せられて、無量の行願を成就するということも、おなじこころで領解してよいのであろう。慈悲とは自他の間に現われる感情である。慈は自の内に他を見、悲は他の内に自を見るものである。また慈は他の楽をよろこび、悲は他の苦を悲しむものである。それが大慈悲といわれるのは、ただ親近のもののあいだにのみおこなわれるものではなく、あまねく世界人類の上に、一切衆生の上にあらわれるものであるからである。しかして人身とは、この感情をもつものであらねばならない。教化に感化されるということも、人身においておこなわれることである。感のないものは物であって身ではない。だから慈悲といっても、自他の間にあらわれる純粋感情のほかないのである。

したがって無量の行願とは、その感情を表現するものである。それはいわば自他の業縁による発動であり、それぞれの情勢にたいしての感応といってもよいものであろう。それを道徳のことばとすれば義務ということである。父母にたいする義務、妻子にたいする義務、師友にたいする義務、社会にたいする義務、国家にたいする義務、世界にたいする義務、それが無量の行願である。しかるに義務といえばなにか強いられているようにおもうことは、畢竟、自他の感情が純粋でないからであろう。それはすなわち大慈悲身が教養されていないからである。したがって大慈悲身が教養されておれば行願の成り難いことをおもう要もないのであろう。それぞれの身には、その表現の分限があるからである。無量の行願といっても、その分限をつくすことのほかにはない。これは日常の生活、行為のこころである。しかれば人に接して和顔愛語であることも義務であり、他の善に随喜することも行願といってよいのであろう。「いかにいとほし不便《ふびん》と思ふとも、存知のごとくたすけ難」きをかえりみることも「浄土の慈悲」といわれているのである。

しかれば無量の行願といっても、衆人を感動せしめるようなものにはかぎらぬのであろう。『華厳経』に説く五十三の善知識は、いずれも無量の行願を満足しているものである。しかるにその言行するところは、ただそれぞれの分限を尽しているのみである。僧は僧となり、医は医となり、長者は長者となり、女人は女人となる。そこに無量の行願があり、善賢の徳がそなわるのである。

五

こうしてわれわれの身心は教養せられる。しかしてその化育をなすものは諸仏世尊である。その事実においてとくに感ぜられるものは師教の恩ということである。知識をあたうる人にも恩がないのではない。されどそれはわすれてもよいもののようにおもわれる。それだけ知識は一般的のものであるからであろう。しかるに師教の恩はわすれることができないのはなぜであろうか。この身を化して法の身とせられたからである。この意味においては、真実に恩を感ずることは、ただ法を身に受けるものにのみあることであろう。そこに「報恩のためのゆえに常に仏に近づくことを願う」こころがあるのである。

しかるに教法の化育には恩にきせるということなく、恩にきるというようなことはない。如来の教法には「わが弟子、ひとの弟子という」別はないのである。それなればこそ釈尊も「法を聞きて能く忘れず、見て敬い得て大に慶ばば、すなはち、わが親友なり」といわれたのであろう。それはまた妄りに人の師となってはならない、また妄りに人の弟子となってはならない、ということであろうか。妄りに人の師となれば、仏法は自身の道であることをわすれ、妄りに人の弟子とならば自身の分限を見失うこととなるからである。こうして仏教は普遍の法として各自の道となるのである。

されどそれは恩の感情を消失せしめるものではない。かえってそれなればこそ、報恩の念はふかいのである。それが「自然の理にあひかなはば仏恩をも知り、また師の恩をも知るべきなり」ということである。

ここに『智度論』はふたたび「大臣の王の恩寵をこうむりて、つねに王をおもうがごとし」と説いている。それは如来の教寵の「公《おおやけ》」であることを感じてのものであろう。ここから念仏は報恩の行であるという領解もあらわれたのであった。

一一　さわりなき道

本　文　第三に、もろもろの菩薩ありてまたこの言をなさく「われ因地にして〔悪〕知識にあふて般若を誹謗して悪道に堕しき。無量劫をへて余行を修すといへども、いまだいづることあたはず。のちに一時にをいて善知識の辺によりしに、われをしへて念仏三昧を行ぜしむ。そのときに、すなはちよく、しかしながらもろもろのさはり、まさに解脱をえしむ。この大益あるがゆへに、願じて仏をはなれず」と。乃至

口語訳　第三には、もろもろの聖者たちは、またこう表白せられる。我等は曽て悪しき指導をうけ、仏法を誹り邪道に陥いった。そのため長い間、修行をしたが其の障りを離れることができなかったのである。しかるに後に善き師友に近づき念仏することを教えられ、それで能くすべての障りを離れ悪道から解脱することができた。この大恩を思うては仏を離れまいと願うのである、と。

—

世尊によりて、われらの法身の長養されたことは、遠い昔からのことであった。されどその長いあいだ、われらは素直にその教化をうけいれていたのではない。かえって聖旨に反《そむ》けることが

おおいのであった。それがいつどうして師教にしたしむようになったかといえば、善知識に「念仏せよ」と教えられてからである。ということが聖者たちの表白である、と。これが『智度論』に念仏をすすめられる第三の理由である。

ここに「悪知識にあって般若を誹謗して悪道に堕つ」といってある。その悪知識というは、悪い人ということではなく、また知識のない人ということでもない。ひろくいえば仏法を軽んずる人であり、とくに般若（智慧）を身につけない人である。

その人はいかに物識りであり徳義を重んずる人であっても、善知識とはいわれない。その人の説では人間共は救われず、自他の罪障を除くことができぬからである。その意味において悪知識といわれるのである。

したがって、その悪知識にあい「般若を誹謗する」ということはかならずしも仏法をそしることではない。真実の道理をうけいれぬことである。一切の問題は知識で解決できるとおもうていることである。またとくに「般若を誹謗す」という語に留意すれば、般若の智慧なくとも仏道の修行ができるとおもうことでもあろう。それがおもうようにはならず、かえって悪道へと陥らしめているのである。

しかれば、ここに悪道というは、先にいう地獄・餓鬼・畜生のことと解してよいであろう。愛と憎しみをはなれることのできない（地獄）と、有財と無財とにかかわらない生活苦（餓鬼）と基本人権を主張しながら平等感に住し得ない不満（畜生）とである。闘争（阿修羅）もそれで絶えることはないのであろう。その悪あがきは知識と修養とでは解消されない。かえって罪障を内攻せしめ、いよいよ人生を混迷に陥らしめる。

この事実を聖者たちはその求道の途上（因地）において経験せられたのであった。

二

悪道の苦は知識だけでは解消されない。知識のなし得ることは、外から情勢をととのえることだけである。したがって内から悪道をはなれることは、人びとそれ自身のこころがけによらねばならない。そのこころがけこそ修養といわれ、また道徳といわれているものである。そこから善人と悪人ということも分別せられるのであろう。とうぜんの常識である。

しかるにここでは「無量劫をへて余行を修すといへども、いまだいづることあたはず」となげいてある。その「余行」とは、一応、六波羅蜜のうち、般若を除いて五行（布施・持戒・忍辱・精進・禅定）と解してよいのであろう。その五行が不十分であっても般若があれば解脱《さとり》は得られる。されど般若が無くば五行だけでは涅槃をさとることができない、ということが竜樹の唱説するところであった。それを推求すれば智慧によらない人格の訓練というものは成立しないということである。その人のこころは、いかにしても自負とかたよりとをはなれることができぬからである。厳粛に自行をただしくするものは、他人にしたしむことができず、忍辱は「ならぬ耐忍をする」こととなり、精進は頑張ることとなる。それでは中道とはいわれない。

禅定も妄念・妄想をどうすることもできず、外に謙遜をあらわすことは、内に慢をかくすことにあり、自信をつよめようとすれば、かえって疑惑の弱さを感ずることとなる。それでは涅槃に到ることはできない。こうして自善他非の感情は、とくに道徳をこころざす心に深くなるのではないであろうか。知識にも道徳にも副作用と逆効果のまぬがれぬものがあるようである。

この事実を道綽は、『智度論』によりて、またつぎのように記述している。人間には貪・瞋・痴の障りがあり、その障りを除くためにそれぞれの行がある。されど貪を制する意志では瞋・痴を除くことができず、瞋を和らげる感情では貪・痴は解けない。また痴をはなれる知識だけでは貪・瞋をどうすることもできぬことである。したがって貪・瞋・痴の障りを除くためには、三行をならび行なわねばならぬのであろう。

されど三行を修するということは、結局はその一行も成就しないということにならぬであろうか。智育・徳育・情操教育といっても、その限界があるようである。

しかるに念仏のみが貪・瞋・痴の一切の障りを除くことができる。それをここでは「一時にをいて善知識の辺によりしに、われををしへて念仏三昧を行ぜしむ。そのときに、すなはちよく、しかしながらもろもろのさはり、まさに解脱をえしむ」と説かれているのである。善知識とはいうまでもなく諸仏世尊であり、師友の教である。その勧化により念仏することとなって、はじめて修行で除かれなかった反作用的なさわりから解脱することができたといわるるのである。それはどうしてであろうか。

三

ここには念仏こそ般若に相応するものであるという道理《いわれ》があるのであろう。般若の智慧と念仏三昧とを一にすることは、竜樹の根本思想であった。それは「空」と「無限」、（アミタ）とは分別すべきものでないからであろう。空は限定のできぬものである。われらの無限を思慕するこころは虚心である。これすなわちただ念仏によりてのみ事物に執えらるゝこころから解放されるゆえんである。

知識は周囲の情勢さえととのえれば人間は道徳的であり得ると思念し、修養はこころしだいで人生は幸福になり得るという予定の上に行なわれる。されどそれはあきらかに自他・内外の因縁をしらないものといわねばならぬのであろう。「さるべき業縁のもよほせば、いかなるふまひをも」するわれらは、周囲の情勢にうごかされながら、しかもその情勢に順応するものは自身の性業であることを感ぜざるを得ない。したがってここには、自己を責めず他人を咎めず、不安の世界にありても、平常の良識をうしなわない道がなくてはならぬのであろう。

それでなくては人間生活は成立しない。その道を教えるものが般若の智慧であり、念仏三昧である。

これによりて般若の智慧あらば、おのずから我執をはなれて愛欲も怒りも癡かさも仏道となると説かれた（『智度論』六）。仏教は無我を説くといっても、それは知識や修行で達せられるものではない。その反省をもつ聖者たちは、無我といっても我執ののぞき難いことをかなしむ自己崩壊にほかならぬと感じ、また我と無我との不二なるを無我の義とすとも思想せられたのであった。されど真実に因縁をさとる者にとりては、人生の事実そのものが執著をゆるさないようにできているいることをおもいしらずにはおれぬのではないであろうか。

まことに因縁をさとる智慧あらば、人生に随順しつつ人生を超越することができるにちがいはない。貪・瞋・痴もその智慧の念仏の機縁となり、おのずから不断煩悩得涅槃の身とならしめられるのである。

四

しかるに『智度論』には、さらに留意すべき説がある。それは余行ではただ現在の障りを除き得ても過去・未来の障りを除くことができない。ただ念仏三昧のみが、過去・現在・未来の一切の障りを除くということである。

ここには人間に問題となるものは当面のことであっても、その解決にはつねに過去と未来とがかんがえられているということが予想されているのである。知識も道徳も過去を反省して、そのあやまりを将来には犯すまいというこころにおいてあるのである。それが悔いあらためるということである。しかればいかなる方法にせよ、現在の障りを除くことは、すなわち過去・未来の障りを除くことであらねばならない。それにもかかわらず、念仏三昧でなくては、過去・現在・未来の一切の障りは除かれぬとは、いかなることであろうか。

ここにはまず未来は無限の状態が可能であるということがおもわれる。いかに知識がすすんでも未来に起り得るすべてを測ることができない。

知識は過去をかえりみてはかることができても、未来をみては、その愚かさを感ぜずにおれぬものであろう。したがって、知識はいかに進歩しても未来の不安をのぞくことができない。不安は知識にともなうものであるからである。しかれば未来の不安を除き得るものは、ただいかなる状態のうちにありても、善処の光をめぐむ智慧の念仏のほかにはないであろう。それはいかなる事態におちいろうとも動転しないという自力の信念ではない。無限の大悲を感ずるものの、おのずからなる力である。

しかれば過去の障りをのぞくことも念仏の他にはないのであろう。過去をかえりみる知識は、別の方法も可能であったかのようにおもうて後悔するのである。しかしてそのあやまりをふたたび犯すまいとすることが、かえってまた過去の善かったことを見うしなうのである。そうして人間の罪障はつくることがない。ここには思い出はいかにかなしくとも、それは無駄なものではなかった、愧すべき罪業も今日の自覚へとみちびいた機縁であった、というよろこびとならしめるものがなくてはならぬのであろう。思えば久遠の暗を照らせるものこそ、大悲無倦の光であった。その光を感知するもの、それが念仏三昧である。

その念仏三昧によりてこそ、真実に現在の障りものぞかるるのであろう。過去も未来も現在の深みにあるものであるからである。

五

こうしてわたしは聖者たちの表白を領解することができた。しかしわたしの経験は短い一生であり、聖者たちの身証は「曠劫已来」「無量劫を経て」のものである。しかれば凡夫の一生の経験と聖者の永劫の身証との対応を感知せしめるものも念仏の徳にあるのであろうか。

ここには念仏において身証されるものは、けっして個人的のものではないという事実がある。それは聖者たちの無量劫を経ての経験であったということが証明しているのである。かえってまた聖者たちの無量劫を経ての身証は、今日のわれらの念仏生活に疑いなからしめるためであったといただくべきものであろう。ここにわれらの道を聖者たちの経験として説かれた論旨があるのである。

こうして、われらの求道の一生も、聖者たちの永劫の修行に帰一せしめられるのであろう。なやめるときは長く、安らかなる日は過ぎやすい人生である。しかれば一生を長いと感ずるも短いとおもうことも、矛盾ではないであろう。それが人身の性格である。こうして今生の過去において無量劫を内感し、現身の未来において永遠の世界を思慕せしめられるのである。

短き人間の一生において悠久無限の法界に遊履す、それが念仏生活である。

一二　菩　提　心

本　文　『大経』にいはく、おほよそ浄土に往生せんとおもはば、かならず発菩提心をもちゐるをみなもととす。いかんぞ、菩提はすなはち無上仏道の名なり。もし発心作仏せんとおもはば、この心広大にして法界に周偏せん。この心長遠にして未来際をつくす。この心あまねくつぶさに二乗のさはりをはなる。もしよくひとたび発心すれば、無始生死の有輪をかたぶく、と。乃至

口語訳　『大経』に依れば、浄土に往生しようと欲《おも》うならば、必ず菩提心を発さねばならぬ。菩提とは仏道である。だから発心して仏と作《な》ろうと欲えば、その心は広大で法界にあまねく、その心は長遠に未来の際《はて》をつくし、その心は能く自利利他して小智・小見の障りを離れる。こうして一たび発心すれば無始の生死《まよい》を離れることとなるのである。

一

浄土に往生しようとおもうならば、かならず菩提心を発せ。それは「極楽はたのしむときいて、まいらんと願い望む」のではなく、涅槃への道をもとむるこころであれということである。そうなれば浄土の存在をたしかめるというようなことは、すべて無用となるであろう。浄土とは菩提心のゆくえに見開かれる境地であるからである。したがってその菩提心とは、衆生《われら》を浄土にあら

しめようとする如来の本願に信順するこころに他ならぬのである。

菩提心とは道心である。さとりの道をもとめて、それに順う心である。それは生死に迷わない心であり、自他の因縁をしって愛憎に煩い悩まない心であり、内外の一如に達して苦楽を分別しない心である。しかしてよく内外一如の境に達すれば、「この心広大にして法界に周徧」することとなり、よく生死に迷わないことになれば「この心長遠にして未来際をつくす」こととなり、またよく自他の因縁をしれば「この心は普ねく、つぶさに二乗の障を離れる」こととなるであろう。こうして「無始生死の有輪を傾ける」こととなるのである。

しかるに、かかる道心は凡人にあるものとはおもわれない。生に執着し死を怖れ、愛と憎しみとを本能とし、自然を制伏するを知識としている人間である。されどその凡人にも、しばしば人生そのものに疑問をもたねばならない機縁がある。それは不治の病にかかりて生の意味をもとめ、近親の死を悲しんでみえぬ世界を探ね、また愛憎のもつれから生ずる罪障の深さを感じて、その業苦の解消する場をもとめ、あるいは時代の情勢にうごかされながら流転しゆく自分のたよりなさをおぼえて帰依のところを得たいとおもうときである。しかしてそれらはいずれも答えを得るのぞみのない問であるといってよいのであろう。それは人生としてあたえられているこの世が問題となったのであるからである。しかも問われずにおれない問であり、たずねないでおれない道である。とすればそれに応答するものは、浄土のさとりのほかなく、その道はただ本願を信じ念仏することのみである。

　しかし、こうしてこたえられることは、それで問が無くなるのではない。かえって問が答えによりて意味づけられるのである。そこにもとめて満たされ、満たされてもとめる菩提心の性格がある。したがって菩提心はさとりの道のはじめにあり過程にあり終極にあるものである。そこに菩提心の無限性があるのである。

二

　その菩提心は、まず「広大にして法界に周偏す」と説かれた。その法界とは宇宙であり、万象であり、とくに一如の境地である。しかして菩提心が、その法界に周偏するということは、すでにいうように内外の分別がのぞかれることによるのである。そこに感覚は純粋となりて、万象はこの身の生命となり、感情は清浄となりて、宇宙はこの心に内在するものとなる。そのとき、われらは月となりて世を照らし、花となりて人をなぐさめることもできるのである。

　しかし道心はつねにかかる満足の状態にあるものではない。求道の心は、孤独のさびしさに法界をかけめぐるのである。それは無限を思慕する悩ましき感情であり、また「荒野に叫ぶもの」といってもよいものであろう。亡き父母をたずねる童子の心は、天の際をも地の底をもきわめようとするものである。そこは宇宙といっても宇宙の内ではなく、万象といっても万象の外にあるものである。しかれば求道の心は、はじめから一如の世界をもとめ、涅槃をたずねているのであろうか。

したがって、その道心が満たさるれば、おのずから大自然にしたしむこととなるのであろう。思慕せる無限は万象の上に感じられてくるのである。一樹の蔭にも法界は摂まり、一河の流れにも仏音がきかれる。山川艸木もことごとく成仏し、谿声山色もみな説法している。それは凡智にとりては彼岸の境地であるにちがいはない。されど浄土をねがうものには、おのずから感ぜられる実相である。この意味において『大無量寿経』は自然を説いたものであり、『浄土論』は自然を歌えるものといってよいのであろう。善導は「仏に従って逍遥自然に帰す、自然は即ちこれ弥陀の国」とたたえ、親鸞は「信は願より生ずれば、念仏成仏自然なり、自然は即ち報土なり、証大涅槃うたがはず」と讃ぜられた。それは浄土を願うこころが法界に周偏するものではないであろうか。

三

しかれば「この心、長遠にして未来際をつくす」ことは、生死を超えたる境地として身証されるものであろう。無限を思慕するこころは、生死の彼方なるものをもとめていたのであった。死は生あるもののまぬがれない運命である。だから死がなくば生もないにちがいない。生とは死を脚下にしているものである。しかし死はつねに生の問題となっているのである。もし死を問題としない生があるならば、それは人間の生ではないであろう。死におどろかないものは人生を喪失しているものである。自己疎外とはすなわち生死を問題とせぬことではないであろうか。それは無自覚者といわねばならない。菩提心とはその自覚である。

その生のよるところ死の帰するところをもとめえて、こころは涅槃する。それが念仏の信心である。したがって、その信心こそは生死を超えたる永遠を身証せしめるものである。しかして、その永遠は「今」に内感せられつつ遠く未来際をつつむものである。久遠の過去から永恒の未来までをつくすもの、それが生死を解脱せる道心の境地である。だからそれは時間を超えたるものとおもわれ、また無量寿とも感ぜられるものである。

こうなれば、菩提心とは阿弥陀のこころであるといってよいのであろう。菩提心とは大いなる願いである。すなわち阿弥陀のこころである。しかれば菩提心はこの身に発起するとしても、その根源は如来の本願に相応するものであろう。親鸞は菩提心について、自力あり他力あり、聖道のものあり浄土のものありと、さまざまに分別している。それは真実の菩提心は如来の本願を信ずる他にないことを、あきらかにするためであった。

しかれば菩提心は如来の本願に相応するものであるにちがいはない。したがって、その未来際を尽くすことも、また本願のこころに他ならぬのであろう。如来の本願は智慧のこころであることにおいてつねに満足されている。されど本願の如来は慈悲のこころであることにおいて、いつまでも無倦である。しかれば菩提心もまた未来際をつくしての願いをもつものであろう。しかもそれゆえに、つねに現に満たされているのである。その願いは如来の本願に相応するものであるからである。

その永遠を内感する道心において法界に遊ぶ。花開花落も悠久であり、風樹流水も永恒を語る。それは生死のうちにある身にも感ぜしめられる信心のよろこびである。

四

こうして菩提心は「あまねくつぶさに二乗のさはりをはなる」ることとなる。これこそ菩提心の第一の意義ともいうべきものであろう。二乗とは声聞、縁覚で、ただ自身の生死解脱のみをおもうて他の業苦をかえりみないものである。それでは真のさとりは得られない。されどまた社会のためといって涅槃への帰一をおもわないものは外道の相善ときらわれている。したがって菩提心とは、自利と利他との一如なる道をもとめるものであらねばならない。それは真実に自他の因縁をしるもののこころである。

しかるに常識の世界では、我他彼此の分別をはなれることができない。だから、個人を本としても社会を主としても、愛憎に煩い悩み、是非のあらそいはつきぬのであろう。それでは自利・

利他といっても、結局は自害害他におわらざるを得ない。如来の本願とは、人間のこの業苦を大悲して自他一如の浄土にあらしめようとするものである。したがってこの本願に相応する菩提心は、二乗と外道との障りをはなるるものとなるのである。

その如来の本願とは「大菩薩、法を身として常に静寂に住し、種々の身と種々の神通と種々の説法とを現わしたもう」ものである。これはみなその本願力から起るのである。それは恰も、阿修羅の琴は、「それを鼓《う》つものがなくとも、おのずからなる音曲のあるが如くである」と説かれてある。この感銘ふかい教説によりて、おのずからおもいしられることは、如来の本願に主体はないことである。阿弥陀の本願とは、本願そのものの無限なることではないであろうか。如来は衆生を自己として利他の本願をあらわし、衆生は如来の本願を自身の道として行信する、それが浄土の菩提心である。したがってその菩提心は本願に相応して、おのずから自利・利他の徳を成就するのである。

しかるにもし自身を本願の主体とするならば、それは自力聖道の菩提心といわれるものである。それは「こころも言葉も及ばぬ」ものであり、また「自性唯心に沈んで浄土の真証を貶《おと》しめ」るものとなるであろう。

これにたいして、もし本願の主体を他者とすれば、それに帰命するこころは、いかにしても決定することができない。すなわち「定散の自身に迷うて金剛の真信に昏《くら》い」ことをまぬがれぬのである。それではいずれにしても自利利他一如の道心であることはできぬであろう。畢竟、それは鼓つものなき阿修羅の琴に鼓つものをもとめようとする愚かさによるのである。

「願力不思議の信心は、大菩提心」である。だからその信心は往相自利にして如来利他の徳をそなえ、さらに大悲の還相を無限の未来に期するのであろう。そこには自身の内にみられたる群生があり、群生の上に感じられたる自身がある。

しかれば種々の身、種々の神通、種々の説法ということも、その主体をたずねぬでよいであろう。如来の法は音曲自然であるからである。

五

それによりて「ひとたび発心すれば、無始生死の有輪を傾く」ることとなる。その有輪とは生存における輪廻状態である。すなわちたよるところのない生死の流転である。その状態は「諸有輪に沈没し、衆苦輪に繫縛せられて」ともいいあらわされている。それこそ祖師たちに悲痛せられた人間生活の現実であったのだろう。その無始生死の有輪が、菩提心によりて「傾むく」のである。その傾むくには、「破れる」といい、また「転覆する」という訓がある。されどおそらく傾斜といい傾向ということが、本来の意味であろう。そこには不思議な力が感ぜられる。動かした力ではない。動きだした力である。

傾いたということも、とても動くものとはおもわれないものが動きだしたことをあらわすものである。しかしてその傾きが涅槃へと方向づけられることとなったのである。それこそ驚天動地の事実といわねばならぬであろう。そこに「無始生死の有輪を傾く」という語感があるのである。

一三　大悲の行人

本文　『大悲経』にいはく、いかんがなづけて大悲とする。もしもはら念仏相続してたへざれば、その命終りにしたがひて、さだめて安楽に生ぜん。もしよく展転してあひすすめて念仏を行ぜしむるものは、これらをことごとく大悲を行ずるひととなづく。已上抄要

口語訳　『大悲経』にいう。もし専ら念仏相続して断えなければ、命終る時に、定めて浄土に生まれるであろう。かくしてあい勧めて念仏を行ぜしめば、それらの人々は悉く大悲を行ずる者とよばれるのである。

一

大悲は人間生活のありかたを悲しむアミダのこころである。生を受けて生のよるところなく、死に面して死の帰するところに惑う。その人間生活のありかたが悲しまれるのである。されどその大悲はおおくの人間には感ぜられてはいない。帰依なき身であると自覚するものははなはだまれであるからである。それだけ人間生活のありかたにかけられている悲しみは深いものであろう。まことに無限の大悲である。

この大悲の魂となっているものは大慈である。人間を慈《いつく》しむこころが、そのありかたに悲しみ

を感ぜられるのである。そこに、「仏心は大慈悲である」と説かれたこころがある。したがって、その大慈大悲は人間生活に帰依のところを得しめようと願われるのであろう。しかしてその帰依のところとなるものは浄土に他ならない。こうして如来の本願は一切衆生を浄土にあらしめようということとなったのである。

しかるにその悲願も帰依なき身と自覚しない人間には感知せられない。またその自覚があらわれても、その直下に大悲を感知することとはならないのである。そこには帰依をもとめざる者の悩みがある。その悩みはいかに深刻なものであるかは、その人その人の経験である。しかしその悩みはいかにありても、畢竟は念仏の他に道はない。なぜなれば、念仏は帰依をもとむるこころの表現であり、帰依のこころそのものであり、またそのままに帰依を得たるこころとなるものであるからである。したがって念仏は大慈大悲を感知し、本願を信受するものとなるのである。しかれば念仏相続の一生は、帰依なき苦悩の世を超えて、安楽の浄土に生まれしめるものとなるであろう。こうして念仏者は本願の大悲を身につけてゆくのである。それが大悲の行人といわれるものである。

二

人生の出で立ちにある青年に、しばしば命をかけて生の意味を問うものがある。かならず死ぬに定まっている人生に苦労して生きるひつようがないというのである。すでに生を受けている人間にとりては、おおよそ、これほど無意味な問いはないであろう。とすればそれは若い身にありがちな厭世病であるかもしれない。されどその真剣さに同情すれば、それこそ人生の根本問題といわねばならぬのであろう。おもえば仏陀釈迦の出家も、この問題を解決せんがためではなかったであろうか。しかれば、それは生のよるところをもとめているものである。

しかるにすでに人間生活に入れる者にとりては、それは問題とはならない。たとえ種々の苦難が「何のために生きるか」という問いを起こすこととなっても、それは人生の根本をたずぬるものではないであろう。ともあれ、生きてゆかねばならぬことにはうたがいないのである。しかしその人びとにも、死んでゆけないという悩みは迫ってくるであろう。親子・夫婦等の間柄にあるものには、ただ自身の死が苦となるのではない。愛憎の業縁のうちにあるものには、死んでゆけないという心残りの悩みがある。おもえば祖師親鸞の真宗は、この問題に応答するものではないであろうか。しかれば、それは死の帰するところをあきらかにしようとするものである。

ここには一応、無生を本来のさとりとする聖道と、涅槃を未来の往生に期する浄土教との別がかんがえられるようである。されど死の帰するところのほかに生のよるところはなく、本来の境地というも未来の浄土というも別はないのであろう。しかるに念仏して安楽に生れるということには、とくに死の帰するところに重点がおかれているのである。それだけ念仏するものには、自他の業縁をつつむ大悲が感ぜられているのである。したがって大悲の行人といわれるよろこびも深いことである。

三

ここに聖道の慈悲と浄土の慈悲ということをおもう。その聖道とは聖者の道である。その人は愛憎の業縁をはなれ、生死の悩みを解脱せるものである。したがってその慈悲とは、すでに解脱せる立場にありて、いまだ業苦に沈んでいるものにたいしてあらわれるものであろう。それはまことにとうといこととといわねばならない。しかしてその慈悲こそは、「ものをあわれみ、かなしみ、はぐくむ」ことにほかならぬのである。

この慈悲におもいあわされるものは人類愛ということである。人類愛を説くものは、かならずしも聖者でないとしても、高い立場からものをいっていることにおいては別はない。したがってその慈悲とは、人間の貧富貴賤にこだわる苦悩を解消することをもって道徳とするものであろう。まことにそれこそ人間生活の意味であるようにおもわれる。

しかるにそれを「思うがごとく助けがたし」といわれるのはなぜであろうか。それはいかに生活の状態を調えても、人間そのものをすくうことができぬからであろう。道徳の規範も愛憎を生来とする無明をのぞくことができない。

生活のそれぞれの苦悩の底には人間そのものの苦悩がある。その根本の苦悩が解除されないかぎり、それぞれの苦悩も徹底して消滅することはないのであろう。ここに聖道の慈悲の「始終なし」といわれるゆえんがあるのである。

これにたいして浄土の慈悲というのは、「念仏していそぎ仏になりて、大慈大悲心をもて思うが如く衆生を利益するをいふべきなり」と説かれた。そこには念仏のみが人間生活そのものの苦悩を解消するものであることが前提せられているのである。しかれば大慈大悲心というのは、念仏者に内感せられているものにほかならぬのであろう。その大慈大悲は無限のものであるから、また念仏者その人の感情ともなるのである。それはすでにいうように、阿弥陀の大悲大願には主体がないからである。したがって念仏者のあるところに主体となるのである。だから「急ぎ仏になりて」ということも、知識的に思想すべきものではない。ただこれ念仏するものの無限感情である。

しかれば「今生にいかにいとをし不便と思ふ」とも「存知の如く助け難い」ということも、人類愛というだけでは救われないのが今生の性格であると語るものであろう。いうまでもなく、このことばには、自身は聖者でもなく指導者でもないという自覚がある。それで浄土の慈悲というのであろう。しかしその自覚に立ちて、「しかれば念仏まうすのみぞ、末通りたる大慈悲心にて候ふべき」という語感には、深い余韻がある。それは本願を身にうけたる大悲の行人のこころ音《ね》である。

四

しかるに『悲華経』ではとくに「若し能く展転して相勧めて念仏を行ぜしむる者は、これらを悉く大悲を行ずる人と名づく」と説かれている。これすなわち念仏者には他《ひと》にもすすめて念仏せしめたいというこころあることをあらわすものであろう。それは人間にそなわる自然の感情である。とくに本願の大悲を感ずるものは、そのよろこびを「十方の有縁にきかしめ」たいというおもいはつきない。そのこころから「展転して相勧めて念仏を行ぜしめる」。それは大悲心の普及である。それなればこそ「大悲を行ずる人」といわれるのである。

したがって、この普及は念仏者その人の力によるのではない。念仏そのものの徳によるのである。しかればその普及は師弟の関係によるものでないことは、いうまでもないことであろう。「前に生れん者は後を導き、後に生れん者は前を訪ふ」といっても、その前後を執すべきものではない。大悲の世界は自他をつつみ前後を超えて一如平等である。こうして「わがはからひにて人に念仏をまふさせ」るのではない。

人びとはみな「ひとへに弥陀のおんもよほしにあづかりて念仏」するのである。

この事実は人に念仏をすすめようと願うものに痛感せられてあるものである。それはいかに自身に経験せられていても、その身証を語ることが、他の求道心を満足するものとはならないからである。そこに「詮ずるところ愚身の信心におきてはかくのごとし。この上は念仏をとりて信ぜんとも、また捨てんとも面々のおん計ひなり」といわねばならぬゆえんがあるのであろう。しかれば相勧めて念仏するといっても、それは伝授によるのではない。こうして大悲の本願は「絶対不二の教」であり、念仏の信者は「絶対不二の機」となるのである。

五

ここに大悲のこころをおもう。その語感はいかにしても尽し得ないものがある。われらはただ「大悲無倦」ということばだけで救われるようである。それは仏教の人間観ともいうべきものではないであろうか。「如来の作願をたづぬれば、苦悩の有情をすてずして、廻向を主としたまひて、大悲心をば成就せり」と讃嘆せられた。これは苦悩の有情を捨てられない大悲心が、如来の作願となり、念仏と廻向せられたということであろう。しかるに語感としてのこる余情は、とくに苦悩の有情にたいする大悲心である。

したがって念仏というも信心というも、如来の大悲心を感ずることの他ないのであろう。「弥陀の智願海水に、凡夫善悪の心水も、帰入しぬればすなはちに、大悲心とぞ転ずる」のである。凡夫の愚かさは如来の智慧に大悲せられてあった。その大悲からあらわれた弥陀の智願に帰入すれば、老少善悪の差別も解消して、一味となるのである。そこに感ぜられてあるものは、すべては大悲心に融け入っていることである。

こうして善悪のこころも大悲心に転ずるということは、すなわち善悪のこころはすべて大悲心に転ぜられるということである。善にほこるこころも、大悲心に転ぜられて謙虚となり、悪に僻むこころも、大悲心に転ぜられて懺悔となる。しかれば幸福をよろこぶこころも大悲心に転ぜられて静寂にしたしむものとなり、不幸をなげくこころも大悲心に転ぜらるれば、智眼をひらくものとなるであろう。

こうして大悲の行人は、無礙の一道をゆくのである。

一四　釈迦と弥陀

本　文　光明師のいはく、ただうらむらくは、衆生のうたがふまじきをうたがふことを。浄土対面してあひたがはず。弥陀の摂と不摂とを論ずることなかれ。こころ専心にして、廻すると廻せざるとにあり。乃至あるひはいはく、けふより仏果にいたるまで、長劫に仏をほめて慈恩を報ぜん。弥陀の弘誓のちからをかふらずば、いづれのときいづれの劫にか、娑婆をいでん。乃至いかんが今日宝国にいたることを期せん。まことにこれ、娑婆本師のちからなり。もし本師知識のすすめにあらずば、弥陀の浄土いかんしていらん、と。

口語訳　光明師はいう。

疑うこころぞ　うらみなる　浄土は対《むか》い　たがわぬを
大悲の摂護　知らまくば　己がこころの　向《むき》を省《み》よ

仏のさとり　ひらくまで　長くめぐみを　たたえなん
弥陀の誓に　あわざれば　いずれの時か　世を超えん

思いやかけし　浄土へと　まこと世尊の　力なり
本師のすすめ　あらざれば　いかでか入らん　弥陀の国

光明師とは善導大師のことである。大師は長安の光明寺に居住せられた。その著作もおおい。それで一々の書名を挙げず、とくに光明師の称号をもちいられた。ここにまず記されたものは、『依観経等明般舟三昧行道往生讃』で『般舟讃』と略称されているものである。その般舟三昧とは諸仏現前三昧ということで、この三昧を行道とすれば諸仏現前して往生の願が成就するのである。大師はつねに期間を定めては、身・語・意の三業にての三昧を行道とせられた。『般舟讃』はその行道における讃歌である。

しかるにその讃歌がとくに『観経』等によられたことは、『観経』がとくに善導の有縁の経教であったからである。したがって大師の『観経』にたいする領解は、その註釈である四帖の疏に十分にあらわされている。そこには善導の道心が見られるとともに、当時の『観経』註釈家の説に満足できない点もあきらかにせられている。仏教を学ぶものは信解を主とし、仏教に学ぶものは行証を要とする。しかしその信解と行証とは別のものであってはならない。しかるにおおくの学僧にはそれが自覚されていなかったようである。善導ひとり、経教を鏡として自身の道をもとめられた。それが四帖の『観経義』である。

したがって『観経義』は釈迦の教えに照らし出されたる自身を表白せるものといってよいので

あろう。その意味においては、二種深信の説こそ善導の中心思想となっているものである。しかるにその機の深信とは、経教に見出されたる人間生活の懺悔であり、法の深信とは釈迦に勧められたる弥陀の大悲を讃嘆するものである。これによりて善導は『観経義』のこころを、さらに懺悔讃嘆の様式として表現せられることとなった。それが『往生礼讃』『般舟讃』等の著作となったのである。したがってこれらの著作は、懺悔と嘆仏との交響楽として、嘆仏に懺悔の余韻を残し、懺悔おのずから嘆仏の基調となっている。そこには機を信ずると法を信ずるとの別はない。それが諷誦するものに深い感銘をあたえ、その声明音楽は日本へもつたわりて、浄土を願うものの身心を養育せるのであった。

二

ここに挙げられた『般舟讃』の三偈、その語感によれば、第一の偈はとくに念仏のこころとして領解せられる。念仏者は浄土に対面している。浄土とは念仏者の願いによりて見出されたものに他ならぬからである。したがって浄土は念仏者のこころにたがうことはなく、その願いに応じてかならず往生することができる。それは疑うまじきことである。

しかるにそのことを疑うのは、阿弥陀の光が念仏者を摂取してすてられないことを信じないからであろう。浄土往生というも摂取の光益の他ないからである。しかるにその摂取不捨の光を感知するものは念仏である。しかしてその摂取不捨の光こそは現前の阿弥陀仏にほかならない。しかれば「弥陀の摂と不摂とを論ずる」よりは、念仏のこころの願いをあきらかにすることが手ぢかな道といわねばならないのであろう。念仏のこころがもっぱら浄土へと廻向しているならば往生は疑いなきことである。その専心廻向が浄土からの招喚をも感じ、摂取不捨の光をも受容するのである。

ここに専心廻向の南無と、摂取不捨の阿弥陀仏との感応が成就する。これによりて念仏は帰依をもとむるこころであり、帰依のこころそのものであり、そのままに帰依を得たるこころとなるのであろう。これすなわち念仏における阿弥陀の徳に依るのである。したがって「浄土対面してあひたがは」ざることも、摂取不捨の力である。これはまことに不思議の真実である。

しかるにこの真実は信じがたい。なぜであろうか。奇怪なことは信じても真実のことをうけいれない。それが凡夫のこころである。真理ならば承認するが真実なるものを受容しない。それが知識人のこころである。修行の功を積んで成就することは、信じられるが、称名念仏に功徳具足するということはうなずかれない。それが道徳をたのむもののこころである。こうして念仏は行なわれず、真実は信じられないのである。

ここには念仏は易行であるから信じられないという心理があるようである。されど念仏は易行なればこそ、ただ信ずるより他ないものである。信じがたいとは信ずるより他ないことであるからである。真実とは疑うまじきことである。しかるにわれらはなにゆえにそれを疑うのであろうか。「恨むらくは衆生の疑ふまじきを疑ふ」ことである。この悲しみ歎きの深さにおいて、いまさらに「よく〳〵煩悩の興盛にこそ」と懺悔せずにおれないことである。

三

第二偈は「あるひはいはく」にはじまる。これは往生人のこころになってのことばである。善導ひとりの感情ではあるまいという表示である。それだけ歌嘆の息《いき》は深く長い。しかしてその重点を後半の「弥陀弘誓の力をかふらずば、いづれの時、いづれの劫にか娑婆をいでん」に集中されているようであるが、願いはとくに「娑婆を出づる」ことにあるのである。したがって、この偈意を領解するためには、なによりも娑婆を出ずることの意義をあきらかにせねばならない。

「娑婆とは忍土で、この世界のこと。この世界の衆生は内に種々の煩悩があり、外には風雨寒暑などがあって、苦悩に堪え忍ばねばならないから忍土という」のである。しかるに内なる煩悩とは生の本能による愛と憎しみとによるものであり、外からの情勢に堪え忍ばねばならぬものは、風雨寒暑よりも国家・社会の動乱である。したがって、この内なる感情と外なる情勢とが調整されないかぎりは、苦悩をまぬがれえないのが人間の運命なのであろう。

その内なる感情をととのえるものが道徳であり、その外なる情勢をととのえるものは知識である。されどその知識にも限界があって、真に安楽であることができないのみならず、かえって苦悩を深めることにさえなるのである。しかれば人間の一生「いづれの時」か、この娑婆を出ずることができよう。世界は「いづれの劫（時代）」になっても、真の平和を期待することはできない。こうして人間は永遠に苦悩をはなれることができぬのであろうか。

ここに「弥陀弘誓の力」がある。その弘誓とは人間にかけられたる無限の大悲である。その無限の大悲によりて、浄土の願いはあらわれた。そこは苦悩のない所と説かれてある。しかれば浄土とは内なる愛憎の煩悩なく外なる順逆の障害のないところであるにちがいはない。しかしそれはあくまでも無限大悲の世界であるから、われらはその世界の帰依のところとしてのみ、真に苦悩に耐え得るのであろう。苦悩が人間のまぬがれえない運命であるとすれば、そこに要求されるものはそれに耐え得る力である。しかしてその力が無限の大悲であるから、苦悩は苦悩のままにして苦悩を解除するのである。しかれば「弥陀、弘誓の力をかぶらずば、いづれの時、いづれの劫にか娑婆をいでん」ということは、来生の安楽を期待するよろこびではあるが、それはそのままに、ひるがえって人間生活の罪障をおもいしらしめるものである。こうしてここにも嘆仏と懺悔との交感が流れているのである。

しかれば「いまより仏果にいたるまで、長劫に仏をほめ、慈恩に報ぜん」ということも、この弥陀大悲のありがたさをおもう至情にほかならぬのであろう。この語句には娑婆を出ずることと、仏果にいたることとは別であるようにおもわしめるものがある。それは「往生は易く成仏は難し」という思想によるものであろう。されど浄土が本願成就の場であるかぎり、往生と成仏とは別なものではない。しかれば難い成仏も易き往生によりて果遂せしめるところにこそ弥陀弘誓の力があるのであろう。されどその仏の道は無限である。覚《さとり》をひらけば覚のはじめもなければ覚の終りもない。したがって仏であることと仏となることとの別もないことが身証されるのであろう。ここに「今より仏果にいたるまで長劫に仏をほめ慈恩を報ぜん」という尽きない感情があるのである。

四

第三の偈はとくに釈迦の教恩を讃《たた》えたるものである。善導にあっては弥陀の本願といっても、釈迦の教えによりてのみ信受せられたのであった。それだけ釈迦の教恩を感ずることが深かったのである。それで『般舟讃』の序説も「まさに大いに慚愧すべし、釈迦如来はこれ慈悲の父母なり」ということからはじめられた。しかして讃文にそのこころがくりかえされている。しかればこの第三偈はとくにその感懐を表現せるものといってよいのであろう。「いかんが今日、宝国（浄土）にいたることを期せん。まことにこれ娑婆本師の力なり」と歌い、それを折返して「もし本師知識の勧めにあらずば、弥陀の浄土いかんしていらん」と嘆じてある。ここらに音韻の妙趣もあるのではないであろうか。

しかるに釈迦の慈恩といっても、善導にあっては『観経』の教説の他にはない。それは『観経』において自身の道を見出されたからである。ということは、『観経』の対機である韋提希に自身を思い合わされたからであろう。したがって弥陀の弘誓でなくては救われないものは、五障の女人韋提希であったといわねばならない。いいかえれば、釈迦その人の智慧ではどうすることもできないものが煩悩業苦に沈めるものであるということである。仏陀はその聖弟子たちにたいしては四諦・八聖道を説き、それによりて生死を解脱せしめることができた。したがって釈迦はその弟子たちの指導者であることもできたのである。されど煩悩の生活をはなれることのできないものに、涅槃の光をあたうることは釈迦といえどもできなかったのであろう。そこにひらかれたものが、弥陀の本願であり、念仏の法である。『観経』はそのことを教うるものであった。

ここにおいて、その教意を推せば、弥陀の本願とは釈迦の大悲を表現せるものといってよいのであろう。釈迦は自身の智慧ではどうすることもできない韋提希にたいする大悲を弥陀の本願として説きあらわせるのである。まことに無限の大悲大願である。それは釈迦自身の願いであるということのできないものである、という意味において釈迦の願いであった。そこに無限の自覚がある。自覚の無限性があるのである。

したがって、ここに感ぜられるものは、釈迦の教説と弥陀の本願とは表裏となっていることである。まことにそれなればこそ釈迦は本師ともいわれ、善知識とも仰がれるのであろう。こうして「弥陀の本願まことにおはしまさば、釈尊の説教虚言なるべからず」と伝承されたのであった。

五

その釈迦の説教の真実は善導の御釈にあらわれ、さらに「法然のおほせ」となり「親鸞がまうすむね」となりてつたえられた。そこに伝統の歴史があるのである。その伝統において、善導・法然・親鸞の三師がそれぞれいかに求道し信解し、行証し聞思せられたかは計りしることのできぬことであろう。されどそのすべては本師釈迦の恩徳に帰せられることである。したがって仏教の歴史をつらぬいて感知せられるものも、弥陀の本願の他にはない。こうして、われらは永遠真実なる法と、人間の精神生活との対応を、釈迦・弥陀の名において身証せしめられているのである。

一五　仏法あいがたし

本　文　またいはく、仏世はなはだまうあひがたし、ひと信慧あることかたし、たまたま希有の法をきくこと、これまたもともとかたしとす。みづから信じ、ひとをおしへて信ぜしむること、かたきがなかにうたたまたかたし。大悲ひろくあまねく化する、まことに仏恩を報ずるになる、と。

口語訳　またいう、

仏ある世に　あいがたく　　信の智慧　うることかたし
希有のみ法を　きくおりに　　まうあうことは　いとかたし
自ら信じ　信ぜしむ　　かたきがなかに　いやかたし
大悲のみむね　伝うるは　　まことめぐみに　むくうなれ

一

人この世に生れて仏法にあうことは難い。しかも仏法にあわなくては人と生れしよろこびはなく、この世も空しく過ぐることとなる。

そのだいじをおもいつつ歌われたのが、ここにあげられた善導の『往生礼讃』の偈文である。讃文はいちおう、前後の二偈とわかつことができる。その前偈には三つの難さが述べてはあるが、おそらくその重点は聞法の難さにあるのであろう。

希有の法を聞くことはかたい。なぜならば、仏世にあいがたく、信の智慧のあることが難いからであるということである。これにたいして後の偈は自ら信じ、他に信ぜしめることの難さであるから、法を弘めることの難さを述べられているのである。

しかるに、その後偈は「大悲ひろくあまねく化する、まことに仏恩を報ずるになる」と結ばれてある。

しかれば、法を弘むるということは、仏恩を報ずることになるのであろう。それが真の仏弟子のよろこびである。そこからかえりみれば「仏世はなはだまうあひがたく」から「まことに仏恩を報ずるになる」まで、ただ一気の感情で貫ぬかれているようである。したがって、その一息《ひといき》の感情に浸らなくては、この讃歌のこころは領解することができぬのであろう。

信心は智慧ではあるが、その智慧はそのままに純真なる感情であるからである。

二

仏ある世に遇いがたいということは、正法を説く善知識にあいがたいということである。釈尊がさとりひらいて仏法を説かれることを前知しながら、そのときまで生きておれないことを悲しんだ阿私陀《あしだ》仙人のことも偲《しの》ばれる。その場合の「難い」とは「希れ」であることであり、「偶然」であるということであろう。教うる人と邂逅するということは、おなじ時代に生まれたということだけでも有難いことといわねばならない。

しかるにおおくの人は、おなじ時代に生れても、正法を説く人に遇うことなく空しく過ぎていくのである。雨につけ風につけ、人事の忙しさに仏法を説く人に遇おうとしない。永遠なる真実を思慕するところは青年にふさわしいのであるが、それを老いてからのものとしている愚かさである。

ここには「人、信慧あること難し」という事実がある。その信慧とは信心を智慧というこころであろう。仏法はとうときものとおもうている、それが信慧である。そのこころのないかぎりは仏法を聞く機とはならない。たとえ愚鈍のものであっても、仏法を尊信するこころあらば、善知識に遇うことができるのであろう。その人は人間の有り方を問題としていることにおいて智慧あるものといってよい。

したがっていかなる知識人であっても、信慧なければ真実を身につけることはできぬのであろう。その人は仏法を聞こうとはおもわないからである。

しかるに仏法を説く人あり、それを聞こうとする信慧の機があっても、「たまたま希有の法をきくこと、これまたもともかたしとす」と歌われている。ここでは「希有の法をきく」ということがいかに有難いものであるかを、おもいしらねばならない。

「希有の法」とは最勝の法ということである。このうえのない、ただ一つの法ということである。それは仏法においても、とくに本願念仏の法を指示するものであろう。人間生活について、善き指導となる知識と道徳にたいして、生死超越の道を説く仏法は希有の法といわれる。されどそれは出家発心して覚られる聖道であるかぎり最勝のものとはいえない。生死に迷うているものに涅槃の光をあたえ、煩悩の日常を菩提の機縁とする法あらば、それこそ希有のものといわねばならぬのであろう。その法を聞くことははなはだ難い。それは仏法を学修し知識する人であっても、その機となるものはないからである。

仏法を学解する人であっても、本願を聞く機とはなっていない。かなしくもそれは現代の事実である。あるいは、いつの世でも、そうであったのであろうか。仏法は人間生活の愚悪をさとらしめるものにちがいはない。しかし、だからといって、仏法を学ぶものは、それに依りて世の人の愚悪を説くことが、自身の任務であるとおもうだけでよいのではないであろう。まずもって自身の愚悪をさとらねばならない。

三

しかしいかにさとりてみても、どうにもならないのが、自身の愚悪ではないか。そのさとり難い愚悪を知る身には、ただ如来の悲願を聞く他に救われる道がない。されどそれを聞く機となることははなはだむずかしいことである。ここには説くは易く、聞くは難いという事実もあるようである。

人は自利心がおおく、利他心はすくないといわれている。されど仏教に関しては、説く人は多く、聞く人はすくない。したがって世を憂い人を憂うる識者となって、世に憂えられ、人に憂えられる庶民となる人はまれである。しかしそれでは到底、如来の悲願を感ずることができぬのではないであろうか。世を憂うるは聖道の慈悲である。如来に大悲せられている身と知るものが、念仏のこころである。

さればこそ本願の名号は希有の法といわれるのであろう。その法はただ聞く身とならねば、領解されぬものである。したがって説くということも、聞くこころにおいてなされねばならない。そこに「希有の法」の性格もあるようである。

四

こうして「みづから信じ、人を教へて信ぜしめること、かたきがなかにうたたまたかたし」と歎ぜられることとなった。「みづから信ず」とは自身のための仏法と信ずることである。自身を機とすることにおいて希有の法であることが実感せられる。それこそ聞思の信といわれるものである。「聞より生じて思より生ぜざるものは信不具足」といわれる。その思とは自身に引きあてて思うということであろう。法を聞いても自身にひきあてて思うことをしない。それは信とはいわれないのである。

したがって「人をおしへて信ぜしめる」ということも、自信なしには行なわれないことであろう。自信は教人信によりて、その普遍性が明らかにせられたことも、釈尊が説法を思い立たれたことも、その自証の真理の客観性を明らかにするためであったということである。者がそれを「人におしへて信ぜしめる」ということは、自信のあやまりないことを諸仏の証誠に求めるものであるといってよいのであろう。われ賢こくて法を説くのではない。法のとうとさが愚かなるわれをして語らしめるのである。しかれば、われ法を語りて人これを信ずることあらば、それはまったく法の徳といわねばならない。

ここに法の普遍性は証明せられたのである。したがって「人をおしへて信ぜしめること」の難さは法の普遍性を明らかにすることの難さということであろう。

ここには自信がなくては教人信はできない。しかし自信だけでは教人信ができないという事実があるようである。しかるにその教人信ができなければ、自信の普遍性を身証することができないものとすれば、ひるがえって聞思の道を相続するの他ないのであろう。ここに「仏慧功徳をほめしめて、十方の有縁にきかしめん」と願いつつ、生涯を教化におくられた親鸞も、立ち帰っては「親鸞一人がためなりけり」と述懐せられたこころがあるのである。

しからば自信から教人信への通路はいかにして開けるのであろうか。それは自において他を推し、他において自を感ずることである。時代において感じつつある自身の悩みは、時代のすべての人の悩みであると思い知ることである。それはとうぜんのことのようで容易ではない。現に悩んでいるものは自身であるからである。また教人信のためには、こころから他人の苦悩に同感せねばならない。

しかしおなじような経験があっても、現に当面している他人の苦悩に同感することはできぬのである。その容易ならざるを思うことにおいて「小慈小悲もなき身にて、有情利益はおもふまじ」と歎ぜられたのであった。しかるにその断念において自他を大悲したもう本願が信ぜられるのである。そこに「大悲ひろくあまねく化する」ということも行なわれることであろうか。

五

まことに人と生まれてのよろこびは善き法に遇い得たということに優るものはない。したがって、そのよろこびを他につたえ同感をもとめずにおれないのである。しかしてそのよろこびは自他に交感せられて極りがない。こうして大悲は普く化益を施されるのである。

しかるにその大悲普化の身となることが、「まことに仏恩を報ずるになる」と説かれてある。これによりて、われらは報恩の意義をあきらかに知らねばならぬのであろう。われ人に親切をうく、それとおなじ親切をその人になさねばならない。それが報恩であるとおもわれている。それは常識でもあろう。けれども、仏法的のものではない。真実の報恩は人からうけた親切をさらに他の人に施すことである。その道理は大悲伝普化が真成報仏恩であることにおいて、とくに身証せらるべきものである。

ここには教恩か人恩かという問題がある。「よき人の仰せをききて信ずるよりほかに別の仔細なき」身に取りてはよき人の恩を感ぜざるを得ない。されどその恩を感ぜしめたものは、その人の仰せである。善き教えである。もしその教えを行信しないで、説く人の徳に帰依するならば、それは真に恩を知るものではない。それは「法に依りて人に依らざれ」という聖訓に反むくものであるからである。師教によりて自身の道を見いだしたよろこび、それが真実の知恩である。したがって、自信を教人信とすることができれば、それにまさる報恩はないのであろう。

これはきわめて明白なる道理である。されど仏道を修行とする立場にありては、わが弟子、ひとの弟子ということもあるのであろう。それがまたわが師、ひとの師ということにもなるのであろうか。

そこには人恩が主となっているように思われる。しかるに本願念仏の教えには、わが弟子ひとの弟子ということはない。しからばわが師ひとの師ということも執してはならぬのであろう。ここに「曠劫多生のあひだにも、出離の強縁しらざりき、本師源空いまさずば、このたびむなしくすぎなまし」と「良《まこと》に師教の恩厚を仰」ぎつつ、真の「弟子とは釈迦諸仏の弟子なり」といえる親鸞の心境がうかがわれる。それはおそらく師をわがものにすることは、かえって師恩を知らないものであることが感ぜられたからであろう。こうして「大悲ひろくあまねく化する」ことの他に「まことに仏恩を報ずるになる」もののないことが思いしられる。しかしてその仏恩を知ることは「また師の恩をも知る」ことである。

一六　摂取と証誠

本　文　またいはく、弥陀の身色は金山のごとし、相好の光明は十方をてらす。ただ念仏するものありて、光摂をかふる。まさにしるべし、本願もともこはしとす。十方の如来、みしたをのべて証したまふ。もはら名号を称すれば、西方にいたる。かの華台にいたりて妙法をきく。十地の願行、自然にあらはる、と。

口語訳　またいう

おんはだいろは　金のごと　　み光よもを　照らしては
御名よぶものを　摂めます　　弥陀の誓の　大いなる
よろづの仏　舌をのべ　　西ゆく道を　あかします
華のうてなに　法きかば　　願は自然に　あらわれん

一

これも『往生礼讃』の偈である。善導は『観経』において自身の道を見出された。この偈はとくにその『観経』のこころを歌われたものとみてよい。そのうち、前半は阿弥陀仏の光をたたえ、後半は浄土の徳をのべられたものである。しかしてそれで『観経』の説が総括されているのである。

「弥陀の身色は金山のごとし」というは、衆生《われら》の業苦《なやみ》を照見したもう大悲の光は、ただ仰ぎみるの他ないという形容であろう。その相好の「光明は、徧く十方を照らし、念仏の衆生を摂取して捨てたまはず」と経説せられてある。それは何故《なぜ》であろうか。善導はそれを「まさにしるべし、本願もとも強き」によると領解せられた。しかれば念仏するものが摂取の光を蒙るという事《こと》は本願の理《いわれ》によるものである。如来はその本願により摂取の光となりて念仏する者のうえにあらわれられるのである。

したがって如来の存在というも念仏のほかに感知せられるものではない。念仏はこれ如来の現身である。それは衆生を摂取して如来自身を示現せられたるものである。だからこの念仏においてのみ、如来は如来であり、衆生は衆生であることがおもいしられる。しかしてそれが、そのままに如来のこころは衆生に徹し、衆生のこころは如来の大悲を感じているのである。しかしこの交感を成立せしめるものは、すなわち弥陀の本願である。衆生が往生せずばわれも仏とはならぬという本願は衆生が南無の機とならぬかぎりは、如来も阿弥陀仏とはならないということである。

その本願によって南無阿弥陀仏という法が成立しているのである。したがってその本願を知ることは、かえってまた念仏によるといってよいのであろう。それによって「摂取不捨の本願」

（『歎異抄』）とも説かれたのであった。

二

ここでわたしは仏教はすべて本願を信じ念仏するところに摂まることをあきらかにしておきたい。仏教は釈迦の創説である。その釈迦の原始の教説は四諦・八正道ということであった。しかるにその四諦とは、生は苦であり、苦は愛（集）に依る。だから苦を滅（涅槃）するためには八正道を修行せねばならない。それは諦《あき》らかなる真理であるということである。しかれば四諦というも、要は人間の業苦《なやみ》を自覚して涅槃の浄楽をもとめようと教うるものに他ならない。さればこそ八正道というは八向涅槃道であると説かれたのであった。

しかるに真宗における念仏とは、業苦の人生にありて涅槃を願うものに他ならぬのである。「念仏者は無碍の一道なり」といわれる。その無碍道とは「生死すなはち是れ涅槃なり」と知らしめるものである。しかれば八正道というも念仏のこころに行なわれるものであろう。念仏はこれ正見であり、正思であり、正語であり、正業であり、正命であり、正精進であり、正念であり、正定である。そのうち称名は正業であり正念であることは、浄土の祖師たちによりてもつねに説かれたことであった。これすなわち八正道というも、念仏にそなわるおのずからなる功徳であることをあらわさるるものである。

その原始の教説が展開して、大乗仏教となった。しかして、その菩薩道としての六波羅蜜というものも、また念仏の功徳に摂まるものである。そのことは正に「勝れた功徳」(第六講)として領解せることであった。しかし原始の教説がどうして大乗仏教を展開したか。そこにはいかにして出家の僧と在家の信者との別を撤廃するかという課題があったようである。その課題が解答されなければ、仏教は普遍性をもたないものとなるであろう。涅槃を願うこころは在家にありても深いものがある。しかればその涅槃を求めるものは、出家の僧にかぎらないものではないであろうか。

『華厳経』に説かれた善財童子の五十三人の善知識の大多数は在家の求道者である。それぞれの日常生活をもって普賢行とするものである。それらの人びとは分限の生活をたのしむほかに仏道はないと身証しているのである。『維摩経』では「維摩居士」にたいしては、出家の僧侶にも、不徹底のものがあるとさえいおうとしているのである。その在家仏教の例は『勝鬘経』の勝鬘夫人の十大受にも、『法華経』の地涌の菩薩の証明等にもみられることである。こうして大乗仏教は僧俗の別を撤廃せるのであった。

しかるに在家とは現に業苦の生活のうちにあるのである。しかも仏教の信者であるかぎり涅槃を求めているのである。そこから「智慧あるが故に生死に住せず、慈悲あるが故に涅槃に住せず」ということが菩薩精神であると説かるることとなった。まことにそれこそ聖道というものであろう。されどそこにはわれら凡夫のおよばないもののあることが感ぜられる。われらにあるものは、ただ業苦を離るることのできぬ悲しみにおいて涅槃をもとめ、その涅槃の光に照らされて人生を過ぐる他ないのである。したがって「煩悩を断ぜずして涅槃を得る」ことも、ひとえに如来の智慧と慈悲とによるのである。しかしてその慈悲と智慧とを感知せしめるものは、ただ念仏である。ここに至りては、八正道も六波羅蜜も修行し得ないものにも涅槃への道があたえられていた。それが往生浄土の法であったと思いしらねばならぬのであろう。それではじめて仏教は一切の衆生を救う普遍の法であることがあきらかにせられたのである。

三

しかれば念仏成仏は真宗とよばれている一宗派の教ではない。仏教といわれるものの体が念仏である。真宗とは仏教の真実の宗旨であるということである。したがって弥陀の本願というも仏陀釈迦の根本精神にほかならぬのであろう。一切の衆生をことごとく涅槃の境地にあらしめたいということこそ、仏陀といわれるものの無限無窮の願であるからである。しかれば仏法とは何ぞやの問に答うるものは、南無阿弥陀仏という念仏であり、仏陀とは何ぞやの問に答うるものは、如来の本願の他ないのである。

しかるに原始の仏教が大乗菩薩道を展開せることは、同時に仏陀とはいかなるものであるかという課題に応答するものであった。釈迦入滅の後、そのゆくえをたずねる遺弟のこころは、あたかも親を失える子の親を思慕するようなものであったのであろう。そこから現われたものは法のなかに仏を見出すべきか（法中有仏）、それとも伝統の僧のなかに仏を見出すべきか（僧中有仏）ということであった。しかして教団の長老は、主として僧中有仏の意見であったということである。釈迦は仏陀であったにちがいはないが仏陀は釈迦のみではない。しかれば釈迦の精神を継がれたものは、みな仏陀であるといってもよいのであろう。ここから師資の相承が、仏々相伝であるといわれることにもなったのである。

これにたいして信者の大衆を代表するものは、法中有仏と唱説したということである。「汝等、展転して道を行えば、如来の法身には常に在りて滅びない」（『遺教経』）ということは、釈迦のこころである。しかれば釈迦の亡きあとを慕うものは、その教法のうち仏陀を見出すの他ないのであろう。それは教法のうえに仏陀の智慧と慈悲とを感知することである。その智慧、慈悲というものには、おそらく釈迦在世の弟子たちにも思い測られなかったほどの深いものとして追慕せられたことであろう。ここには僧中有仏の仏と、法中有仏の仏とのちがいがあったにちがいない。前者の仏は現実にある人格的聖者であるが、後者の仏は永遠不死なる如来の精神である。その智慧、慈悲は仏陀を思慕するものに取りては、無限の光りと命として感知せられるものである。それこそ阿弥陀と呼ばれるものではないであろうか。

こうして見出だされた阿弥陀の願いは、一切の衆生を一人も残らず涅槃にあらしめたいということであらねばならない。その如来の本願を開顕せるものこそ『大無量寿経』であった。したがって人間界に出現せる釈迦の本地（根本境地）は阿弥陀の本願にありということも、領かるることである。独り釈迦だけではない。すべての仏と呼ばれるもののこころは阿弥陀の本願であるといわねばならぬのであろう。

四

こうして本願を信じ念仏することが、仏教の真実であることは明知せられる。しかしそれは地上にあらわれたる歴史的事実ではない。したがって原始仏教から大乗仏教を経て浄土真宗となったという学者の研究は十分に尊重せねばならぬものであろう。山奥の木の下つゆが、流れ流れて、ついに大海に注ぐ河川となる。その間の風光を展望することは、われらの精神生活をゆたかにするのである。されど、われらは、その根底には地下に流るる水あることをわすれてはならない。たとえ地上の河川には断続があっても、地底の流れは一味相続して断えることはないのであろう。「本願を信じ念仏をまうさば仏になる」ということは、その地底の流れを掘りあてたものではないであろうか。『大涅槃経』には「如来の法身は常にあり」といい、「一切の衆生には悉く仏性あり」と説かれている。その常住の法身は無倦の大悲となりて悉有の仏性をうるおし、悉有の仏性は群萌の大地から涌き出でて称名念仏となるのである。ここに仏教の歴史の底を流るる真実があったのである。

五

ここで『往生礼讃』の本文にかえる。「もはら名号を称すれば西方にいたる」といってある。その西方とは日没の方処に寄せて、人生の帰終である涅槃界を思慕するものである。だからそれは浄土広大にして、本来無東西であるという道理に反くものではない。かえって「西ゆく道」として人生を超越せる彼岸の世界への往生が願われたのである。

したがって「かの華台にいたりて妙法をきく」ということも、ちかくは念仏においても本願のこころを聞くことに他ならぬのであろう。そのことばからいえば華台は浄土のものであるにちがいはない。しかし浄土のさとりを何故に蓮華の上に生まるると説かれたのであろうか。煩悩具足の凡夫が念仏することは、泥のなかから蓮華の生ずるがごとしと喩えられている。しかれば念仏者の感ずる浄土こそ蓮華蔵世界といわれるものなのであろう。

この世にみ名を称うれば　かの世に開く蓮の花
この世のいのちおわるとき　かの花きたり迎うなり

と歌われた。その彼の世の徳を内感するものは念仏の他にはない。したがって浄土にいたりて聞かるべき妙法も念仏のこころに受容せられるのであろう。蓮華台とは念仏者を象徴するものであるからである。

その妙法はすなわち本願のいわれである。だから、そのいわれを聞信するものには、「十地の願行自然にあらはる」るのである。その十地の願行は聖道として長時に修せられるものである。しかるにその初地は歓喜地であるから信心歓喜の境地である。また六波羅蜜が十地の願行であるということであるから、これまた念仏にそなわる功徳として説かれているものである。とくに第八地以上には普賢の行徳というものが現われるものであるが、それは念仏の信心における還相利他の徳として廻向されるものである。こうして本願力廻向による行信には大菩薩の道が自然に円融しているのである。しかしてそれゆえに念仏者は真の仏弟子と呼ばるるのである。

一七　護念の光

本　文　またいはく、ただ阿弥陀仏を専念する衆生ありて、かの仏の心のひかり、つねにこのひとをてらして摂護してすてたまはず、すべて余の雑業の行者を照摂すと論ぜず。これまたこれ現生護念増上縁なり。已上

口語訳　またいう、ただ阿弥陀仏を専念する衆生を、かの仏の心光は常に摂め護りたもう。余の雑業の行者を摂護すとは説かれてない。これを現生に護念される増上の縁という。

一

これは『観念法門』にあることばである。この書はつぶさには、『観念阿弥陀仏相海三昧功徳法門』と題せられたもので、阿弥陀仏の相好を観察し想念することの功徳を述べられたものである。されどその内容には称名念仏の利益もおおく説かれている。しかれば善導にありては、観想も称名も念仏のこころにおいて一つであったのであろう。しかしてその念仏には滅罪と護念と見仏と摂生衆生を摂める と証生往生を証する との五種の増上縁あることを広説せられている。その護念増上縁の一つが、ここに引用せられたものである。

ここに「ただ阿弥陀仏を専念する衆生ありて、かの仏心の光、つねにこの人を照らして摂護して捨てたまはず」とあるは、『観無量寿経』の説をそのままにのべられたものである。しかれば「すべて余の雑業の行を照護すと論ぜず」とは、その経説の意を反面からあきらかにするものであろう。したがって「仏心の光」はつねに念仏する人にのみ、その現生を護念する増上縁となるのである。

しからば何故に余の雑業の行人は如来の光明に摂護されないのであろうか。「余の雑業」とは諸善万行である。自力をたのむ行善である。それらの行人は如来に帰依せず、己身の仏性を信ずるものである。したがってその人は阿弥陀仏に親縁なきものである。たとえその人に念仏ということがあっても、ただ阿弥陀仏を専念するものではない。それだけその人と阿弥陀仏との縁は疎遠である。これにたいして専修念仏者と阿弥陀仏との縁は親近である。しかしてその親近さが、阿弥陀仏の光明による念仏者の現生を護念する増上縁となるのである。

したがってその念仏は想念と称念とを選ぶものではない。すでに経には「諸仏如来は是れ法界の身なり。一切衆生の心想中に入りたまふ。この故に汝等、心に仏を想ふとき、この心即ち是れ三十二相・八十随形好なり、この心作仏す、この心これ仏なり」と説かれてある。これは仏を想念することにおいて仏に想念せられていることが感ぜられるということであろう。「衆生、仏を憶念すれば、仏また衆生を憶念したまふ」とは善導の信境であった。その衆生と仏との憶念は、ただ一つの念仏の上に感知されるのである。

二

しかるに経説の念仏は、想念にとどまるものではない。さらに称南無阿弥陀仏の功徳をあらわそうとしてある。それについてとくに留意すべきことは下品の往生人において念仏と称名とが別のものになっていることである。一生造悪の下品の愚人は「命終の時に臨み、善知識の種々安慰して妙法を説き教へて念仏せしむるに遇」うても、「この人、苦にせめられて念仏する」ことができない。そのときに善友は「汝もし念ずること能はずば無量寿仏を称すべし」とすすめる。そのすすめのままに十声称名することによりて救われていくのである。ここには想念は不可能であっても称名は可能であるということがしめされている。その想念にも心に阿弥陀の名をおもいうかべるということがあるのであろう。また称名もその声のうち阿弥陀を念じているにちがいはない。したがってともに念仏と呼ばれることになっているのである。

されど想念は、静寂なる道場においてせられるものである。書斎で黙想している念仏の境地も、それであるといってよいのであろう。われらは、その念仏の場にめぐまれている幸福を感ぜずにおれない。されば「この人、苦にせめられて念仏するに遑あらず」ということは、いかなる場合であろうか。それはかならずしも悪人の臨終のときのみではない。観想念仏するにいとまなきものこそ現実の人生ではないであろうか。その煩悩に動乱せられているとき、念仏としてあらわれるものは、ただ称名である。しかれば念仏とは人間生活に煩い悩むことの声であるといってよいのであろう。この実相を知るものにとりては、想念というも「念のこころをさとる」ものであり、それだけ現実の生活をはなれたるものといわねばならない。そこに善導の意を承けて称名念仏を唱導せられた法然のこころがある。

したがって光明に摂取せられるものも、とくに称念の人に他ならぬのであろう。阿弥陀の光明摂取は大悲無倦である。それは称念するものは煩悩にくるわされて動乱をまぬがれないものであるからである。その人は無倦の大悲によりて摂取し護念されねばならない。それでなければ人生はまったく帰依のないものとなるであろう。その帰依を求むるこころが称名となり、しかしてその称名によりて、現生は護念せられるのである。

まことに「さるべき業縁の催せば、いかなる振舞もする」この身である。その身がどうしていかなる事変にも動顚しないという信念をもつことができよう。学問にも道徳にも確実なる自信のない身は、虚偽の言行をしないと誓うことができない。「欲も多く、いかり、はらだち、そねみ、ねたむ心多く間なくして」ということばの一つ一つが身におぼえがあるかぎり、「貪瞋邪偽、奸詐百端にして悪性やめがたく、事、蛇蝎に同じ」ということも、また否認のできぬことであろうか。こうして自信し得ることは、ただ「現に罪悪生死の凡夫」ということのみである。その自信が念仏となり、その念仏が光明の摂護によりて帰依をうしなわないのである。まことに不思議の事実である。

三

ここにおもいあわされるのは「煩悩に眼さへられて、摂取の光明みざれども、大悲ものうきことなくて、つねにわが身をてらすなり」ということである。この身は摂取の光につつまれながら、それを直観する心眼がない。背後に感じながら仰げば悠遠の彼方にある光明である。したがって見られるものはただ自身の愚かさのみである。その愚かさの暗において、無辺に照らす光を感ずるのみである。それはまさに光は暗にしみいりて、暗はいよいよ深い境地である。

そこはまた「無明の大夜をあはれみて、法身の光輪きはもなく、無碍光仏としめしてぞ、安養界に影現する」と歌われたものである。静かにこの讃歌を誦してあれば、久遠劫来のわが身のすがたがおもいうかぶ。まことに「無明の大夜」である。そこへ照らす「法身の光輪」は「無碍光仏としめして」はるかに「安養界に影現」せられるのである。その影現のすがたを拝むほかにきわみなき法身の光を感ずる法はない。それだけ「無明の大夜」は深いのである。しかれば「安養界に影現」したまう無碍光仏の御すがたこそ、大悲無倦をおもいしらしめたもうものであろう。いくたびくりかえしても感銘の尽きない讃歌である。

それは影現であるから存在でないといってもよい。それによりて如来と浄土との有無を論ずることは、すべて無用となるであろう。されどそれは如来の境地としての浄土の彼岸性をみうしなわしめるものではない。かえってそれが影現であることにおいて、その彼岸性があきらかにせられたのである。もしその影現がなくば念仏する身が護念せられているということも信知することができぬのであろう。念仏する身も煩悩が絶えないということは、光明の摂取に反むくものといわねばならない。しかしいかに反むいても、反むきとおすことはできぬのである。それだけ如来の光明は悠遠の彼方から十方に遍ねく照らされているのである。それが悠遠の彼方でなくば、また真に身ぢかに感ずるということもないのであろう。それをおもいしらしめるものは無碍光仏としての影現である。

しかれば現生護念増上縁ということも、その影現の仏にむかえられて往生するものにめぐまれる利益にほかならぬのであろう。現生とは来生にたいしてのことばである。したがって来生を否認しては意味をなさないものである。来生にさとりをひらくべき身なるがゆえに現世に護念せられるのである。しかし来生といっても現生と並べてかんがえられるものではない。暗の底へと去る死すべき人生が念仏者には光をみうしなうことなく往生するものとなるのである。それが来世のさとりを期しての現世である。しかしてそうおもいそう語らざるを得ない理由は、それほどまでに煩悩の身には摂取の光というも悠遠の彼方から照らされるものと感ぜられるからである。それなればこそ深く身にしむのである。そこに現生護念増上縁ということばのひびきがある。しかれば増上縁《すぐれたえん》ということも、その感銘をあたうるものであろう。親縁といい近縁という直接的の表現でないところに、かえってふかいものが感ぜられることである。そこに想念と称念との心境の別があるのであろう。想念は来生なしにも成立する。されど称念者には浄土への往生が願われているのである。

四

しかるに現代では、この浄土の彼岸性が否認せられて、宗教はもっぱら現生の問題とせられることとなった。それは念仏を想念とするかぎり反論するひつようのないことである。ただ一つあきらかにしておかねばならないことは、現生の問題をいうところに人生観の甘さがあることである。われらに迫るもっとも厳しいものは現生が問題となっていることではないであろうか。厭離穢土ということは人生が問題となった人の感情であろう。したがって欣求浄土というも、その感情を裏返えしたものにほかならぬのであろう。しかしてその厭離穢土のこころが念仏となり、欣求浄土のこころが影現の無碍光仏に護念せられているのである。

こうして人生が、問題となるとき、そこから表現されるものは称名念仏である。しかしてそれに応答するものは影現の彼方からの招喚の声にほかならない。しかれば問も答もただ念仏のうちに身証されるものであろう。されど問は悠遠の彼方に消えて、答はその悠遠の彼方から聞えてくるのである。したがってその答を得れば、もはや問は無くなるというようなものではない。問は不断に人生にありて、答は大悲無倦である。ここに信心というも、現在に満足することにとどまらずして、往生の願いをうしなわないということに意味があるのであろう。無明の夜を破る光というも煩悩の人生を照らすものにほかならぬのである。

しかれば絶対他力といっても、それを仏力と願力とに分別せられた意味がそこにあるのであろう。仏力に乗託するものは、いかなることにも煩い悩まない自重自由の身とならしめられるよろこびに住することができる。されどその境地あることをうたがわないものも煩悩の動乱は免れない。その悲しみにおいては、ひとえに願力を仰ぐのほかないのである。そこに「仏の願力に乗じて彼の清浄の土に往生する」ものは「仏力住持して即ち大乗正定の聚に入」らしめられるということがあるのであろう。これによりて「他力とは如来の本願力なり」と提示し、しかしてその願力とは「もと法蔵菩薩の四十八願（願力）と今日の阿弥陀如来の自在神力（仏力）」とである。その「願を以て力を成じ、力を以て願を就《な》す、願徒然ならず、力虚設ならず、力願相ひ符《かな》うて畢竟してたがはず、故に成就といふ」と解説せられた。こうして称念するものは、想念の力なくして、かえって、ふかく現生の護念の有難さを、おもいしらしめられるのである。

一八　宿業への光

本　文　またいはく、「心歓喜得忍」といふは、これ、阿弥陀仏国の清浄の光明、たちまちに眼前に現ぜん。なんぞ踊躍にたえん。この喜によるがゆへに、すなはち無生の忍をうることをあかす。また喜忍となづく。また悟忍となづく、また信忍となづく。これすなはち玄談するに、いまだ得処をあらはさず。夫人をして、ひとしく心にこの益をねがはしめんとおもふ。勇猛専精にして、心にみんとおもふとき、まさに忍をさとるべし。これ、おほくこれ十信のなかの忍なり。解行已上の忍にはあらざるなり。

口語訳　またいう『観経』に「心、歓喜するが故に無生法忍を得」と説かれた。これは韋提希夫人の眼前に浄土の光明が現われるとき、躍りたち、その喜びによつて無生忍を得るであろうことを明かすものである。この忍は、また喜忍とも悟忍とも信忍ともいわれる。それは信による忍であつて、解・行等による忍ではない。

一

本文は善導の『観経序分義』にあることばである。『観経』のはじめに釈尊は韋提希にたいし「夫人はやがて阿弥陀仏の清浄の光を眼の前に見るであろう。その時には、その喜びにおいて無生法忍を得るであろう」と説かれた。こうして玄談（前もって語る）しながらそのときを指定されなかったのは、夫人をして無生法忍を得る期待をもって専心に浄土を願わせるためであった。その無生法忍というのは、不断煩悩の身にあたえられる得涅槃である。だからそれは未だ得ずしてすでに得たる喜びの忍であり、大悲の仏心が受け容れられたる悟の忍であり、本願に疑いなき信の忍である。それは解による忍ではなく、また行による忍でもないのである。

しかるに無生法忍というは、すでにしられてあるように涅槃に相応する智慧である。したがってそれは知解によりて了達せられ、修行によりて身証さるべきものである。しかれば知解はいかに明確であっても、無生法忍に了達しないものならば、それは仏法に契うものとはいえぬのであろう。涅槃を得ない学解は、いかに自信がつよくとも凡夫の固執にすぎぬものである。また修行の力によりて死をおそれない境地に達したとしても、涅槃を身証するものでないならばそれは柔軟性のない剛直の性格をつくることとなったであろう。学解すすんで解忍にとおざかり、修行に努めて行忍を得ることができない。悲しむべきことである。

されどそれは解忍や行忍はないということではない。仏弟子の解も行も、その忍を得るためであった。その解行によりて得らるべき忍が阿弥陀の光によりて解もなく、行もない身に、得られると説かれたのである。それが韋提希のこころをうごかして浄土を願わしめたのである。しかして、そこに親鸞が「韋提希とひとしく三忍をう」る感激を歌えるゆえんもあるのである。

二

仏陀は「法に依りて人に依らざれ」と教えられた。それは教えに順うことは自身の道をもとめるためであって、説く人をたのむことではないからである。されど教えを聞こうとする者は、説く人を選ばざるを得ない。智徳ともに優れた人の教えでなくては、聴く気になれないのは常識である。ここには「人に依りて法を重んずる」という事実もあるのである。

されど智徳のすぐれた聖賢の教えには、どこかに追随をゆるさないものが感じられる。それは敬服せねばならないとしても、そのままにわれらの道とすることはできない。その智慧をきわめた人にも真智は無知であるという境地はある。されどその無知は、なんらの学解もないわれらの愚かさと異るものがあるようである。修行に退転なき人も「道は自然にあり」といっている。されどその自然は宿業のままにということではないようにおもわれる。ここには智徳の高い人の教えであるというだけでは、その説く法に順いがたいという悲しみがあるのである。

こうしてわれらは、さらにわれらの道となり得る法を説く人をたずねる。その法を説く人は、深く人間の業苦をしっているものであらねばならない。ここに親鸞がとくに七高僧を選んで本師と仰がれたゆえんがあるのであろう。七高僧の説くところは、教法の解釈にほかならない。されど、その解釈には、人間の業苦をしるものでなくてはとおもわれるものが感ぜられる。この教法の解釈における人間苦の表白的性格をもつものは、七高僧の説のほかにはない。それが親鸞をしてとくに七高僧にしたしみを感ぜしめたのであろう。善知識とは、われらの身ぢかにありて、われらの道をあきらかにせらるるものである。

われらにありてはそのしたしみを親鸞のことばに感ぜしめられているのである。しかしてそのしたしみは、親鸞の生涯の上にわれらを見いだし、われらの一生の上に親鸞の経験を同感せしめているのである。されどこの交感ははたしてどこまで認容されてもよいことであろうか。

このしたしみを法然のうえに感じたる親鸞も「聖人の御智慧才覚ひろくおはしますに一つならんと申さばこそ僻事ならめ」と反省せざるを得なかった。またそれでなければ法然を善知識と仰ぐこともできなかったのであろう。われらの親鸞にたいする感情もつねにこの限界の反省をもたねばならぬのである。

三

こうして最後にもとめられるものは、われらとまったく異ることのない根機でありつつ、救いの法を聞ける人である。しかして親鸞はその人をもとめて、韋提希夫人を見いだせるものであった。夫人にはなんらの智徳もなく、ただ夫王に順うことのみが婦道であるとおもわれていたようである。したがって、わが子欲《ほ》しさに仙人を殺すことにも、その子が自分たちのためにならないということで高殿から産み落せることも、ただ夫王の意志にしたがうほかなかったのであろう。またその産み落せる子を拾いあげてそだてたることも、さらに夫王の幽閉せられたるところに食物をはこべることも、女性の本能にすぎないのである。そこには自覚による自由というようなものがみとめられない。さればこそ苦悩に迫められては、「世尊、われ、むかし何の罪ありてか、この悪子を生ぜる。世尊、また何等の因縁ありてか提婆達多と共に眷属たるや」といわざるを得なかったのである。

しかるに、この韋提希の繰言《くりごと》にたいして釈尊は、なんの応答もせられなかった。それは平常の釈尊の教化をしるものには、怪しむべき事実である。平常の釈尊ならば、韋提希の繰言は愚痴にすぎないことを説き、いまこそ愛欲の禍害をしりて出家せよとすすめらるべきはずである。そのような教化によりて仏弟子となれる尼僧もおおいのである。しかるにどうしてそれが韋提希を教化する道とならなかったのであろうか。ここには釈尊も自身のさとれる聖道の限界に当面せられたものがあるようである。しかしてその限界に当面せしめたものは韋提希の苦悩である。その韋提希の苦悩は、釈尊の聖道的智慧では、どうしても解決のつかないものであった。

それはなにゆえであろうか。韋提希はその苦悩のうちに生きねばならぬ身であったからである。その日までの行為は、いかに愚かにみえても、そうするよりほかなかったものである。それは悲しむべきものであっても、責めることのできないものである。それは独り韋提希のみではない。

すべての人間の業苦ではないであろうか。とすれば、愛憎の業縁をそのままにしてその苦悩の解消されるところがなければならない。しかして、そのところにすべての人をして、涅槃せしめることこそ如来の悲願でなくてはならないのであろう。これによって釈尊は往生浄土の道を説かれたのであった。しかしてその大悲の教説によりて釈尊の御智慧の深広なることが顕わされたのである。

おもうにこの韋提希にたいする釈尊の教化は聖道的でなかったことから、浄土教は仏法でないという説もあらわれることになったのであろう。されどもしそうとすれば、釈尊も印度に生まれられたひとりの聖者にすぎないものとなるのである。しかれば釈尊こそ世界史上における人類の教師であることをあきらかにするものは浄土教であるといわねばならない。それが親鸞をして、「如来、世に興出したまふ所以は、ただ弥陀の本願を説かんがためなり」と讃嘆せしめたものである。

四

こうして浄土の教えは未来の光をあたえるのである。されどその光にめぐまれるものは、現在の人間生活であり、とくに救われるものは過去の思い出である。死に向いつつある人間にとりては過ぎ来し一生は空しき悪業であったということほど悲しいことはない。たとえそれはいかに苦悩のおおいものであっても、そうあるよりほかなかったものとして、大悲同感せられるものあらば、そこによろこびは見いだされるのである。しかして、その大悲をあらわすものは阿弥陀の本願であり、その喜びを感ぜしめるものは念仏である。

しかるに日常の知識は、この過去を問題としない。だから現在の苦悩といっても、解決を未来にもとめているものである。しかしてその未来が過去を救うものと思想しているのである。そこに「悔い改める」ことが道徳であるとおもわれているゆえんもあるのであろう。されど人生そのものに問題となるものは、思い出の過去ではないであろうか。「つねに没し、つねに流転して」と反省せしめる過去が「出離の縁あることなし」と未来を暗くするのである。そこに人生のありかたをしるものは、ただ念仏のこころに、懺悔せしめられるのみである。念仏が懺悔の水となりて人間生活を浄めるのである。しかしてそれによりて動乱の人生が涅槃への道と転成せられるものである。

五

しかれば人間生活のいかなるものであるかをおもいしらせるものは、過去の経験のほかにはない。すべてを宿業と感ずるもののみが、真に人生をしるものである。しかしてその宿業感のみが、如来の悲願を信知するのである。

この宿業をはなれ得ない人間であることをおもいしらしめたものは『観経』における韋提希であった。それが親鸞をして韋提希にしたしみを感ぜしめたのである。とすれば、その韋提希はとうぜん煩悩具足の凡夫であるとおもわれていたのであろう。善導も韋提希を「実業の凡夫」としてしたしまれたのであった。しかるに親鸞には、また韋提希を「権化の仁」とも感ぜられたようである。それが古来の問題となっているのである。

その親鸞の感情を推究すれば『観経』の教説も一つの物語であるというものがあるのではないであろうか。韋提希の求道は実話であるとしても、それがわれらに感銘をあたうるゆえんは、物語としてつたえられたからである。もし韋提希の求道が実話であるにとどまらば、浄土の教えも、釈尊の教化の一方便にすぎないとおもうのがただしいかもしれない。しかれば浄土教に普遍の真実あることをおもいしらしめものは、韋提希の求道が物語りであるからではないであろうか。そこには物語りでなくては、どうしても感知することのできないものがあるのである。

しかれば、韋提希は「実業の凡夫」であるか、それとも「権化の仁」であるか。それを矛盾なしに感ぜしめるものは、韋提希が物語りのうちの人であるということであらねばならない。こうして物語りがそのまま教法となり、教法そのままが物語りとなる。そこに浄土経典のしたしみもあるのである。

一九　妙好人（上）

本文　またいはく、若念仏者よりしも生諸仏家にいたるまで巳来は、まさしく念仏三昧の功能超絶して、まことに雑善をして比類とすることをうるにあらざることをあらはす。すなはちそれにいつつあり。ひとつには、弥陀仏名を専念することをあかす。ふたつには、能念のひとを指讃することをあかす。みつには、もしよく相続して念仏するひと、このひとはなはだ希有なりとす。さらにものとしてもてこれにたくらぶべきことなきことをあかす。かるがゆへに分陀利をひきてたとへとす。分陀利といふは、人中の好華となづく。また希有華となづく。また人中の上上華となづく、また人中の妙好華となづく。このはな、あひつたへて蔡華となづくる、これなり。もし念仏のひとは、すなはちこれ人中の好人なり。人中の妙好人なり。人中の上上人なり。人中の希有人なり。人中の最勝人なり。よつには、弥陀名を専念すれば、すなはち観音勢至、つねにしたがひて影護したまふこと、また親友知識のごとくなることをあかす。いつつには、今生にすでにこの益をかふれり。いのちをすてて、すなはち諸仏のいへにいらん。すなはち浄土これなり。かしこにいたりて長時に法をきき、歴事供養せん。因まどかに果満ず。道場の座あにはるかならんやといふことをあかす。巳上

口語訳　またいう。経には「念仏する、その人は、是れ人中の白蓮華である。観音・勢至は其の人の親友となりたもう。其の人はやがて道場において諸仏の家に生まる」と説かれてある。これ

正しく念仏の功能は超え勝れて雑善の比類《たぐい》でないことを明かすものである。ここに弥陀仏の名を専念する其の人を讃えて白蓮華と喩えられた。これ能く相続して念仏する者は甚だ希有《まれ》であって、比ぶべきもののないことを喩えたものである。白蓮華は人間界の好華といわれる。それはまた希有華といわれ、上々華といわれ、妙好華といわれる。言い伝えて蔡華といわるるは、この華である。されば白蓮華に喩えられる念仏者は、即ち是れ人中の好人であり、人中の上々人であり、人中の希有人であり、人中の最勝人である。これに依りて弥陀の名を専念する者には、観音・勢至は常に随って影護したまうことは、親友の如くである。既に今生にこの益を蒙り、来生には即ち諸仏の家に生まれる。諸仏の家とは即ち浄土である。彼処に至れば寂《しず》かに法を聞き仏に事えて行願を円満し、遠からず成仏の道場に坐する身となるのである。

一

本文は『観経』に「もし念仏する者は、当に知るべし、この人は是れ人中の分陀利華なり。観世音菩薩・大勢至菩薩、その勝友となりたまふ。まさに道場に坐し諸仏の家に生ずべし」と説かれてある。その経説の一句・一句を解釈せられたものである。それでやや煩雑に感じられるが、内容はきわめて単純であって、口語訳のとおりである。しかしこの『観経散善義』の解釈も念が入っているから、善導大師にもふかい感激があったのであろう。親鸞聖人もまた『正信偈』に、「一切善悪の凡夫人、如来の弘誓願を聞信すれば、仏この人を広大勝者とのたまへり。この人を分陀利華と名づく」とたたえられた。これが今日も「妙好人」という名の行なわれている典拠である。

しかるに経に分陀利華というは白蓮華のことであるが、この白蓮華は好華とも希有華とも上々華とも妙好華ともいって、愛《め》でられているものである。それで蔡華ともいいつたえられた。蔡は亀で、聖者の出世には白亀が千葉の白蓮華に乗ってあらわれるということである。そのめでたい華が白蓮華である。そのように念仏するものは、人中の好人・妙好人・上々人・希有人・最勝人であると称められるのである。

しかしてこの妙好人は観音・勢至に親友・知識として影護せられて浄土に生まれ、おもうように行願を満足することができるのである。

二

ここであきらかにしておきたいことは、妙好人の性格である。それには白蓮華は泥の中から咲き出でたる花であるということがわすれられてはならない。花のうるわしさは、桜・牡丹・バラ等にのみあるのではなく、高山植物にも、野原に乱れ咲くものにも、それぞれの美しさはある。しかしてそれらはみな、人間生活にのぞまれている何かの徳を象徴するものでもあろう。そのなかにありて、とくに白蓮華が賞翫せられるのは、泥のなかから咲き出でていることである。それが「高原の陸地には蓮華を生ぜず、卑湿の淤泥にいまし蓮華を生ず」と説かれた『維摩経』の経意である。

その経意のあらわすものは、仏教も在家のものとなることにおいて大乗といわれるということである。出家の聖者は清浄の生活をせられるとしても、それは高嶺の花である。いま白蓮華というものはその清浄の生活ではない。煩悩のこころに称えられる念仏の美しさを名《よ》ぶのである。

在家とは、妻子をもち、職業がある、ということである。妻子あれば愛著があり、そこから「いかり、はらだち、そねみ、ねたむ」ということもでてくるのである。それはいかにしても清浄とはいわれない。汚濁であり穢悪である。また職業があるかぎり、利害損得にうごかされないではおれぬのであろう。その根性には自善他非の情はつきまとい、必要悪と自己を欺くこころがとれない。それが在家の生活である。

しかるに念仏は、その愛欲の身において称えられるものであり、煩悩のこころにのみあらわれるものである。しかしてその念仏者であることが、煩悩の生活をはなれないにもかかわらず、妙好人とならしめるのである。だから、もし妻子があっても、その愛著に煩い悩まないものならば、その人は妙好人とはいえぬのであろう。念仏者とは世間離れした人ではない。世捨人は市にもあり野にも見出せるかもしれないが、それは凡夫とはいえぬものであろう。そのような意味においてめずらしいのは妙好人ではない。いかなる人であっても、その煩悩の身のままに念仏すれば、その人は妙好人といわれるのである。

三

これに依りて妙好人の語義をおもうに、好とはうつくし、みめよし、ということではあるが、とくによしみ、なかよしという訓にこころひかれる。好とは相善・親善を意味するものである。しかれば好人とはすかれる人、親しめる人ということであろう。それがさらに妙好人と繰返されたのは妙な精であるから、純粋にということと解してよい。したがって妙好人とは無条件に親しめる人ということである。

しからば妙好人とは、何のわだかまりもなく人に親しまれるものであろう。それは煩悩の生活のあるがままに念仏する人においてとくに感ぜられるものではないであろうか。学識の高い人、修養のできた人には敬意を表することはできるが、何となく親しめないものがある。聖教について法義を沙汰することは、教家の職業としては止むを得ないこととしても、在家の信者にまでのぞましいことではない。法義をのみ沙汰する人びとには常人のちかづけないものが感じられる。うち砕けてなんの頼むところもなく、世にありふれた凡人として念仏する人に親しみを覚えしめられるものはわたしだけではないであろう。しかれば妙好人とは念仏する凡人より他にないのではないであろうか。

ひるがえっておもうに、他に親しまれる人となることは、他に親しむことのできる人となることであろう。学識ある知者も、修養を積んだ徳者も、自身と他人との間に壁をつくっているようである。その壁を破るものが念仏である。だからその距てを棄てることにおいて学者も大衆と語ることができ、徳者も凡人とおなじこころとなるのである。愚鈍の身もそのような学者と語ることにはたのしみをおぼえる。かって厳格であってちかづき難い人であっても、念仏もうす身になられると、その厳格はすこしもかわらないにもかかわらず、親しみ懐かしまれる人となられた、という例はしばしば耳にするところである。

まことに「共に是れ凡夫のみ」ということが知られてみれば、自他に距てをもたねばならぬ道理はないのであろう。それが何故か容易ではない。その容易でないことが、念仏によって行なわれるのである。そこに念仏者が妙好人といわれるゆえんがあるのである。

四

しかるにその妙好人はまた希有人といわれる。希有人とはまれに見られる人ということであるから、極めて少数であるともおもわれる。そこから「郡《こほり》に一人、国に一人」ともいいつたえられている。自分はいうまでもなく、おおくの念仏者を見ても、それを妙好人とはいわない。特異の言行をなせる信者だけを妙好人と呼んできたようである。その珍重のあまり、妙好人とは畸人であるかのような感を懐かしているのである。それでよいのであろうか。

経に説かれたる妙好人は少数者であるということではない。希有人ということも白蓮華に寄せてのことばである。その白蓮華は至るところにみられても希有華である。とすれば念仏者は百万人あれば百万の希有人があるということであろう。われらは念仏することにおいて自・他ともに妙好人といわれる身となるのである。それは特異の言行を為すからではない。日常生活のままに念仏するから妙好人といわれるのである。

しかし念仏する自身を妙好人ということはできない。それは自身としてしられているものは煩悩の泥より外ないからである。されどその煩悩の自身も念仏することにおいて妙好人といわれることをよろこばねばならない道理があるのであろう。そこに思い知られることは、悲しいこころにおいて自身は希有人であることである。わたしはしばしば自分ほどに愚かなものはないという感じにうたれることがある。聖教における愚鈍の二字は、わたしのために用意されてあったのであろうか、と眼がしらを熱うせしめられる。されどそれを人に語ることができない。それは謙遜とか辞令とかに解せられるだけであるからである。ただ真にその愚鈍であることをしられるものは大悲の仏心より他ないのであろう。それは希有なる悲しき人生の経験において念仏する身にも感ぜられることである。こうして悲しむべき希有なる身も、念仏すれば大悲の仏心をいただき、よろこぶべき希有人と転成せられるのである。

これによりて思うに「五劫思惟の願をよくよく案ずればひとへに親鸞一人がためなりけり」ということも、そのよろこびではなかったであろうか。

「さればそくばくの業をもちける身にてありけるを」という述懐には、わが身に希有なるおん悲しみがあったのであろう。とすれば、この身のための本願であることをよろこぶ念仏者こそ、妙好人と呼ばれるものであらねばならない。それは自称することができないだけ、そう名《よ》ばれるもののありがたさである。

五

それはいいかえれば念仏はいかなる性格にもいのちと光とをあたえるということである。わたしが念仏の師友・同朋において感知せしめられることは、その人でなくては見ることのできない行であり、その人からでなくては聞くことのできないことばである。その特殊の言行において感ぜしめられる普遍的なるものは、学識や規範によりて知らしめられる一般的のものとはまったく異るものである。

この意味において妙好人はまた上々人といわれ最勝人といわれる。それはとくに尊まれる人ということである。その人でなければという希有人でなくては見出されない尊さである。しかしてその尊さは親しさとはなれて感じられるものではない。念仏者の親しさは馴れ合いではなく、敬うこころにともなう懐かしみである。だからまた最勝人といっても、世間のいわゆる偉大なる人物というようなものではない。その人において、おのずから感ぜられる高貴性ともいうべきものである。したがってその上々人は念仏の声の聞ゆるところ、いずこにもあるのであろう。最勝人は大地を耕す人にも、商う人にも、家の内にも、職場のなかにもあるのである。それは念仏するものの呼称であるからである。

二〇 妙好人（下）

一

念仏の声の聞えるところ、そこに妙好人がいる。そこは山林と市中とをえらばないのであるから、懇談の会議室であっても、混雑の電車のなかでも不思議はないであろう。病いの床にも祝いの席にも妙好人はありたいものである。念仏するに男女老少の別はないのであるから、身分や性格によりて妙好人となるのではない。したがってまた良識や行事によりてのみ妙好人となるのではないであろう。念仏が念仏する人を妙好人にするのであるからである。

ここにおもいあわされるものは、『華厳経』に説く、五十三人の善知識というものである。それは善財童子の求道心の前には、いかなる人物も善知識であったということであろう。されどその経意を推せば、五十三人の善知識は、すべて念仏者であったと解してよいのではないであろうか。それらの善知識のうちには、とくに女性と長者のおおいことが留意せられる。女人は修道のさまたげとなるといい、長者は富貴にして道をもとむること難しと説かれた。それが善知識となっているのである。しかれば、それこそ生活に即する宗教というものの現実を説くものであろう。

それは、まさに経説の妙好人といってもよいものではないであろうか。

その女性には、門に入ればただちに家の内の空気を感ぜしめるもの、虚心にして物を万人に平等にわかつもの、愛情を転じて法縁とするものなどがあり、その長者には身分の貴賤を問わず、自由に邸宅に出入せしめるもの、香を焼いていっさいの病を治すものなどが挙げられている。しかし善知識というは、その女性と長者とのみではない。国王あり僧侶あり、さらに童子・童女もあるのである。だからもし能くこの経を読破することができれば、われらはそれぞれの立場、それぞれの職業において仏教はいかに身証されるかを知ることができるのであろう。されどそれは容易なことではない。われらはただ、それをそれぞれの分限における念仏者の生活として想察せしめられるのみである。しかして、それによりて経説が身近かに感じられてくるのである。

二

しかるにその念仏する妙好人には「観音・勢至つねに随うて影護したまふこと、また親友・知識の如く」であると説かれてある。ここでは観音・勢至の名において、何がおもいあわされるかをしることがもっとも重要なることであろう。観音・勢至は、弥陀の脇仕ともいわれているのであるから、阿弥陀の徳も観音・勢至の名において表現せられているのである。

これによりて親鸞は「無礙光仏は観音とあらはれ、勢至と示す」と説き、「ある経には観音は宝応声菩薩と名けて日天子と示す。これはよろづの衆生の無明黒闇をはらはしむ。勢至を宝吉祥菩薩と名けて月天子とあらはれ、生死の長夜を照して智慧をひらかしむるなり」(『唯信鈔文意』)と領解していられる。ここでは観音は日天として示現せられ、勢至は月光として思慕せられている。それは、観音の慈悲によりて生の煩悩が和められ、勢至の智慧によりて死の不安が静められるということを思い合わさしめるものである。その生の煩悩は一般に人生問題といわれ、死の不安は仏教に生死問題といわれている。

しかして、この両者は表裏を為して、相いはなれないものではあるが、またかならずしも一つの問題であるとはいえない。したがって人生の問題を解いても生死の不安は除かれないのはとうぜんであるが、また生死の問題を解いたといっても、それはただちに人生の煩悩を除くものとはならぬのである。たしかに生死の問題を解けることは、人間の生活に大いなる光をあたうるものとなるにちがいはない。されどかえってまたその光は人生の煩悩の強盛なることをおもいしらせるものである。

その煩悩の人生を照らす光は、阿弥陀の慈悲を現世にあらわす観音の日天である。それはあたかも太陽の光にめぐまれて、万物が生成するように、観音の慈悲は善悪を執する頑《かた》くなのこころを和らげ、苦楽に悩む身に安らかさをめぐむのである。「よろづの衆生の無明黒闇をはらはしむ」というも、その事と解してよいのであろう。その観音の慈悲を、その日その日に感知せしめるものは念仏である。

これにたいして勢至の智慧は、夜空の月光である。その光の下においてのみ、われらは「独り生じ独り去る」自身をみるのである。それは光り冴《さ》えわたりて、暗いよいよ深きを感ぜしめるものである。したがってその光は現世の暗を照らしつつ彼岸の世界をおもわしめるものである。それこそ「生死の長夜を照らして智慧をひらかしむ」るものである。

こうして念仏者は観音・勢至の影護にあずかるのである。しかしてそれが大自然と人間との深いしたしみを感ぜしめるのである。しかるにその観音・勢至は、また念仏者を「親友・知識の如く」おもわるるということである。しかればまた、人間として示現せられた観音・勢至をおもいしらねばならぬのであろう。

ここにおもいあわされることは、聖徳太子を、観音の示現とし、法然上人を、勢至の化身とあおがれた親鸞の心境である。太子は在家にして仏法をすすめ、法然は出家にして凡夫の救いを説かれた。その法然の教化がなければ「曠劫多生のあひだにも、出離の強縁」をしらずに過ぎたであろうが、その長い迷いの「多生曠劫この世まで、あはれみ」をかけられたものは、太子の慈悲であったのである。その観音の慈悲は、われらの親たちにつたわり、その勢至の智慧は、われらの師友に承けられて、この身、いま念仏することとなったのである。しかるにそのよろこびは、念仏する身よりも、かえって観音・勢至のおんこころに深いものがあるのであろうか。影護のおんこころにおいて、われらはたがいに名告《なのり》あうことなくとも、同信同行の人びとから親友・知識のごとく感ぜられているのである。しかして、それが人間と人間とのしたしみともなっていくのである。

三

これによりて「今生に既にこの益を蒙れ」る念仏者は「命を捨てて即ち諸仏の家に入らん。即ち浄土これなり」と説きすすめられた。観音・勢至の影護はひとえに煩悩具足の凡夫を諸仏の家に生れしめんがためである。たとえ仏教は生死解脱の法であるといっても、聖者はそのために浄土を願うを要としない。現世において生死即涅槃とさとられるからである。またもし浄土は聖道の修行を成就するために願わるるならば、往生は凡夫を誘導する一方便にすぎぬものとなるであろう。煩悩具足の凡夫が諸仏の家に生れる。ただそこにのみ真実の浄土があるのである。

したがって浄土は修行の道場ではなく、また善人のみ往生するところではない。老少善悪、男女貴賤をえらばず、みなおなじくひとしく念仏して生れるのである。そこに差別をはなれたる「一如」の涅槃があり、動乱を超えたる「無為」の浄楽があるのである。それは本願を信ずる煩悩の凡夫でなくては感ずることのできない境地である。そこに往生すれば、みな仏のさとりを得るのである。だからそこは諸仏の家といわれる。阿弥陀の浄土は、往生人をして涅槃を証せしむることにおいて諸仏の家となるのである。

しかれば、浄土の教を信じないものは、自身を智者とおもうからであろう。あるいは、また宗教を個人の問題として、自他の業縁を無視するものといわねばならない。人間生活にあるものにとりては、わが悩みというも、われらの悩みにほかならぬものである。人間は幾十億あっても、自身は唯だ一つしかない。そこから自身を問題とする宗教と、人間を問題とする道徳が別れるのであろう。されど自身の底にあるものは人間であるから、人間をしることにも自覚なしにはあきらかにすることができない。われは、つねにわれである。

しかれば宗教とはわれらをわれにおいて自覚するものであり、道徳とはわれをわれらにおいて感知するものといってよいのであろうか。しかるに生死をのみ問題とする聖賢は、われの自覚においてわれらをわすれているものの如くである。これにたいして、いかなる場合にもわれらの悩みをはなるることができないものは凡夫である。妻子あり職業をもつ、それが人間生活であるからである。したがって浄土の教えの真実を信じ得るものは、ただ人間生活に即して生死解脱の涅槃をねがう念仏者のみである。

しかるに浄土に到れば「長時に法を聞き、歴事供養せん。因まどかに果満ず。道場の座あにはるかならんや」と経説せられてある。ここに歴事供養というは、諸仏の国に遊歴して、奉仕の事行をなし供養することである。それが因となりて成仏の果が円満する。道場の坐とはその成仏を意味するものである。（釈迦の成仏が菩提樹の下でせられたように）とすれば浄土は修行の道場のごとくである。されど仏の道は仏となる道と別ではない。これによりて浄土に往生するものも還相の菩薩としての道にはかぎりがないのである。しかしてその還相の行は利他教化として「煩悩の林に遊んで神通を現じ、生死の園に遊んで変化を示す」こととねがわれた。しかればその願いをもつものも、おそらく煩悩・生死をはなれ得ない念仏者ではないであろうか。

四

こうして念仏する人は、妙好人として浄土に生まれるのである。しかしその浄土を願うことは現生を無視することではない。かえって現生が大事なればこそ、そのよりて立つところとして浄土が願われるのである。しかれば「後生の一大事」ということは、生死を問題とすることと、同一にすることのできぬものであろう。生死を問題とする聖賢者は愛欲・名利を虚妄の生活として捨離するものである。

されど後生を一大事とするものは、煩悩の生活をはなれることのできない凡夫である。しかして念仏はその煩悩の凡夫に於てのみ、身について行われるものである。したがってその凡夫が、どうして妙好人といわれ、希有人といわれるかの意味をもとめることになれば、煩悩の生活の上に念仏がいかにはたらくかをしるのほかないのであろう。それは「柔和忍辱のこころ」ともいわれ、「罪障、功徳の躰となる」ともいわれ、「煩悩菩提一味なり」とも説かれたるものである。

したがってとくに妙好人として伝えられている人びとにたいしても、われらはともに凡夫であることをわすれてはならない。そうでないと、それらの人びとは一種の世捨人のように感ぜられてくるのである。教家によりて紹介せられている妙好人には深く敬意を表せしめられる。されどまたしたしめないものを感ぜしめる人物もすくなくはない。その言行には多分に常規を逸しているものがあるからである。これあるいは、後生の一大事というこころにおいて、なにか見失われたものもあるのではないであろうか。

これによりてわたしは、それらの人びとのほかにひろく時代をおなじうしてこの妙好人をもとめしめられる。しかしてわたしは長い生涯において、その人びとのあることをしることができた。それらの人びとは、人生経験においてか、感情のゆたかさにおいてか、職業に誠実であることにおいてか、その何等かにおいてわたしを啓発し、反省せしめるのである。しかして、それは同一念仏者として、たがいに親友・善知識であることをよろこばずにおれないものである。

そういう人びとの数ははなはだすくないのではないかといわれるかもしれない。されどそうおもうときには、かえって自身が念仏をわすれているようである。念仏するものはおおくの妙好人あることをしることができる。しかして、それらの人びとによりて、この身の一生は護念され養育されていくのである。

二一　弥勒の位

本文　王日休いはく、われ『無量寿経』をきくに、衆生この仏名をききて、信心歓喜せんこと乃至一念せんもの、かのくににむまれんと願ずれば、すなはち往生をえ、不退転に住すと。不退転は梵語にはこれを阿惟越致といふ。『法華経』にはいはく、弥勒菩薩の所得の報地なり。一念往生すなはち弥勒におなじ。仏語むなしからず。この『経』は、まことに往生の径術、脱苦の神方なり、みな信受すべし、と。已上

口語訳　王日休はいう。われ聞く『無量寿経』に「弥陀仏の名を聞きて、信心歓喜す。一念に、彼の国に生れようと願えば、即ち往生を得て不退転に住す」と。その不退転とは梵語にこれを阿《ア》惟越致《ユイオッチ》といい、『法華経』に聖者弥勒の境地とせるものである。されば一念の往生は便《すなわ》ち弥勒と同じこととなる。仏語に虚《いつわり》はない。しかれば此の『経』はまことに往生の径術《ちかみち》であり、脱苦の神方《はやわざ》であると信受すべきである。

一

信心の行者は弥勒とおなじ位となる。ということは親鸞にとりて深いよろこびであった。そのことは仮名書にも消息文にも繰り返されているから、志をおなじくせる法友の人びとの間にも、

つねにいいかわされたことであろう。弥勒は五十六億七千万年の後に、釈尊に次いで仏陀の名《なのり》を告あげることになっている菩薩である。その弥勒はすでに無量劫の修行をして、いまようやく、かならず仏になる身と定まれる位を得たのである。その位は等正覚（正覚《ほとけ》と等し）といい、また補処（仏の位処に補せられる）という。そこまでになっても、なお五十六億七千万年の後と期せねばならない正覚《ほとけ》の境地である。しかるに信心の行者は、この世の一生を終るときに大涅槃と証せしめられるのである。そこにはまことに尽すことのできぬよろこびがあるのである。

しかし、この事実を直接に証明する浄土教の経文はない。『大無量寿経』には信心歓喜するものは不退転に住すと説かれている。その不退転に住するものは、すなわち正定聚であるが、その正定聚を『如来会』では等正覚と説かれている。しかれば住不退転と正定聚と等正覚とは別なものではないことはあきらかである。しかしてその等正覚は補処の位であるから、弥勒とおもいあわされることはとうぜんのことでもあろう。されどあきらかに信心の行者は弥勒とおなじとは説かれてない。それが王日休によりて開顕されたのである。そこに親鸞がとくに王日休の説にしたしまれた意味があるのである。

したがって、ここにあげられた王日休の説も『無量寿経』の住不退転と『法華経』の阿惟越致地をおもいあわせられたところに重点があるのである。されどさらに立ち入りておもえば、とくに「われ『無量寿経』をきくに」といって、「衆生、この仏名を聞きて信心歓喜せんこと乃至一念せんもの、彼の国に生ぜんと願ずれば、即ち往生を得、不退転に住す」とつまびらかに経文をあげてあることにも深い感銘があるのであろう。これにたいして『法華経』の説は、「寿量品」に弥勒が「われら阿惟越致地に住すれども」如来の寿命を量りしることができないと語っているものである。その対照において「一念の往生すなはち弥勒におなじ」と説かれたのであった。そこによろこびのつきぬものがあるのである。

二

ここに聖道の修行と浄土のさとりとの別がおもいしられねばならない。仏道は自覚・覚他であるといわれている。しかして自覚なきものは覚他することはできないにちがいはないが、また覚他しないかぎりは自覚に安んずることはできない。もし覚他することなくして、自覚に止ることあらば、それは空閑をたのしむ隠者にすぎぬものといわねばならぬのであろう。真に自己即仏とさとるものは、そのこころからいよいよ利他の修行をこころざすものでなくてはならない。その修行なくしていたずらに煩悩即菩提と説くことは、天魔のこころである。迷える衆生のあるかぎり、みずからをさとれりということができない。しかるに迷える衆生はかぎりがないのであるから自覚ということも、畢竟は成就せぬこととなるのではないであろうか。

しかし修行の功つもれば、この自覚と覚他との内面的統一の境地に達するかもしれない。それが不退転地であり、阿惟越致地である。すなわち弥勒の到達せる「報地」である。修行の果報として得たる境地である。したがってその境地こそ仏道をもとむるものの理想であるといわねばならない。しかれば親鸞もその発心のはじめからこの不退転地をもとめていたのであろう。されどそれは容易に達しがたき境地であることがしられていた。それが親鸞をして浄土の教えへと帰入せしめたのである。

浄土の教えによれば、自覚も覚他も、如来の本願力の廻向として、われらの行信の上に成就せられる。その自覚を往相とし、覚他を還相とすることにおいて二種の廻向と説かれてはいるが、「南無阿弥陀仏の廻向の、恩徳広大不思議にて、往相廻向の利益には、還相廻向に廻入せ」しめられる。したがって二種の廻向は念仏のうちに成就せられている。さればこそ信心の行者は等正覚の位となり弥勒に等しというよろこびがあるのである。

三

ここでわたしは、教化ということを問題としてみたい。自信あるものは、また他を教化して信に入らしめるべきものである。ということが、一般の常識であり、また自然の感情ともいうべきものであろう。されどそこには自はさとれるものであり、他は迷えるものであるということが予想せられている。したがって教化者は、自身をある高みにおいて、他を見下しつつ語ることになるようである。それでよいのであろうか。それは教化者によりてつねに反省されねばならないものである。その反省こそ自覚・覚他の聖道というものであろう。

ひるがえって教化される者の立場になって自身をおもう。その教化せられる身を転じて教化する身となるということは容易ではない。煩悩の生活をはなれることのできない身にとっては、つねに善知識をもとむる他ないものである。人間の一生は偏えに教化せられねばならぬものとして運命づけられているのではないであろうか。しかもなお、自信のよろこびを他にもおよぼしたい願いが止むに止まれないものとすれば、そこにあるものは、ただ自他の信・不信を分別することなく、ともに聞法し教化をうけることの他ないのであろう。それが浄土教における二種廻向のよろこびである。

その聖道的なる自覚・覚他の分別から、浄土教の往相の行信へと廻心せるものが親鸞の身証であった。「小慈小悲もなき身にて、有情利益はおもふまじ」という表白には、教化の断念がある。しかるに不思議にも、その断念における往相の聞信が、内に還相利他の徳を成就せられてあるのである。それはおそらく教化を願いつつ、それを断念せざるを得なかった親鸞でなくては経験することのできない深い感激であったのであろう。『正像末和讃』はこの感激において作られた。そこに弥勒とおなじということも歌われているのである。

ここではとくに仏力と願力とを一応わけていただかねばならない。仏のさとりをひらくことは仏の力によることである。したがって菩薩が仏になるということと、仏が菩薩になるということとは別ではない。仏が仏の行をなすことが菩薩行である。この意味においては聖道といえども絶対仏力によるものというを得るのであろう。されど、そう思念することも、すでに教化者の立場である。ただ教化を蒙むる他なき身において感知せられる仏力は、その絶対的なるものではなくて、煩悩具足の人間生活を大悲しての本願力である。その本願力によりて浄土の往生をとげしめられる。しかしてその浄土こそはすなわち自他平等に大涅槃を証せしめられる境地である。

四

こうしていまさらに「弥陀の五劫思惟の願をよくよく案ずれば、ひとへに親鸞一人がためなりけり」ということばをおもわしめられる。この感銘の深い表白は『歎異抄』にのみありて『教行信証』には、それにそうとするものが見当らない。『教行信証』の「信巻」に繰り返されているものは、兆載永劫の修行の経文である。しかしてそれがまたとくにふかい感銘をあたえているのである。しかれば両者のあいだには、なにか重点を異にするものがあるのであろうか。

されどひるがえっておもうに、親鸞にとりては、「如来、一切苦悩の群生海を悲憫して、不可思議兆載永劫に菩薩の行を行じたまひし」というも、「弥陀成仏のこのかたは、いまに十劫をへたまへり」というも、「そくばくの業をもちける身にてありけるをたすけんと思召したちける本願のかたじけなさ」の他ないものであったのであろう。永劫の修行というも本願のこころである。正覚の阿弥陀仏というも本願のかたちである。それをそれぞれ分別することは、畢竟、これ経文に執われている知識妄にすぎぬのであろう。『大無量寿経』上下二巻「我聞如是」より「靡不歓喜」にいたるまで、ことごとくこれわれら一人のためであった。さればこそ、「如来の本願を説いて経の宗致とす」と領解せられたのである。

しかして、その本願を説く経の体は「仏の名号」であり、南無阿弥陀仏である。これによりて「南無の言は帰命なり、帰命といふは本願招喚の勅命なり。発願廻向といふは、如来すでに発願して衆生の行を廻施したまふこころなり。即是其行といふは即ち選択本願これなり」と領解せられたのである。その文字を分別すれば、「招喚の勅命」は正覚の阿弥陀の声であり、「衆生の行を廻施したまふこころ」は永劫の修行によるものであり、「選択本願」は五劫思惟のこころということとなるようである。されどその分別は教学のはからいにすぎぬのであろう。親鸞の領解においては、ただ本願のこころ一つであった。

五

これで信心の行者は弥勒とおなじという意味はほぼ尽くしたようである。されどいま一つ推求してみたいことは弥勒という名指しである。ただ等正覚の位となるといっているのではない。弥勒と等しくといっているのである。しかればその名指しのうえに特別の感激があるのであろう。

そこにおもいあわされることは、仏教の歴史のうえに、西方願生と兜卒上生との信仰がならび行なわれていたということである。仏陀釈迦をうしなえる教徒は、現に西方に在す阿弥陀の浄土への往生を願うか、あるいはついで仏陀と名告られることに定まって今兜卒天に説法しつつある弥勒菩薩の会下へと願われたのであった。その信仰は親鸞の当時も行なわれていたということである。しかれば弥勒の名は、けっして観念的のものではなかったのであろう。親鸞はその弥勒と自身とをおもいあわせたのである。

されどそのおもいあわせの感情内容はいかなるものであったかは、測りしることができない。信心の智慧よりいえば、兜卒上生と西方願生とは異質的なものであるということもいわれるであろう。それは今日のわれらにとりてはきわめて明了なことである。したがってそれがまた親鸞の信境であったに相違ない。されどまた素直なこころにおいて聖道の修行を尊重し、その理想的人格を弥勒に見出してのうえで、念仏の信心のよろこびを感じられたものとすることも自然のようにおもわれることである。

こうして「法」とともに「人」をおもうこと、それが念仏者の心情である。

補　記

王日休は宋朝の人で竜舒に生まる。国学進士とまでなった儒者であるが、後に浄土門に帰し願生を勧めた。その著作として竜舒の『浄土文』といわれているもの十二巻ある。ここに引用されたものは、その第十巻にあるものである。しかしこれは王日休自身の語ではなく、『浄土文』に跋を書いた唯心居士、周葵の語である。それも「仏語、虚しからず、みな信受すべし」と結んであって、その間の「この経はまことに往生の径術、脱苦の神方なり」の句はない。それは親鸞によりて添入されたものである。

ここにおもわれることは、親鸞がいかに『王日休』に敬意をもち、そのことばとして弥勒等同の説に感銘したかということである。

二二　無辺の同朋

本文　『大経』にのたまはく、仏、弥勒につげたまはく、この世界より六十七億の不退の菩薩ありて、かのくにに往生せん。一一の菩薩は、すでにむかし、無数の諸仏を供養せりき、ついで弥勒のごとしと。

またのたまはく、仏、弥勒につげたまはく、この仏土のなかに、七十二億の菩薩あり、かれは無量億那由他百千仏のみもとにして、もろもろの善根をうへて不退転をなせりき。まさにかのくにに生ずべしと。抄出

口語訳　『大経』にいう。仏、弥勒に告げたもう。この世界から、六十七億の不退の聖者があって、彼の国に往生するであろう。その一一の聖者は、已に曽て無数の仏たちを供養せるものであって、弥勒と徳を同じうするものである。

また（『如来会』）いう。仏、弥勒に告げたもう。この仏土に七十二億の聖者があり、無量の仏の所に於て、もろもろの善根を植えて不退転の身となったものである。その聖者たちも、彼の国に生まれるであろう。

一

王日休は『大経』に信心歓喜して浄土に願生するものは不退転に住すと説いてある、その不退

転は弥勒の境地であると領解した。その説を聞いて思い合わされることは、『大経』に「この世界より六十七億の不退の菩薩ありて彼の国に往生せん。」その人びとは「弥勒のごとし」と説いてあることである。その六十七億の菩薩とは、信心の行者のことではないであろうか。行者は凡夫であっても、信心の徳において菩薩とよばれるのであろう。「弥勒と等し」ということも、その菩薩であらしめられることにおいてである。

しからば、それらの往生人は「すでにむかし無数の諸仏を供養せりき」ということは、いかに領解すべきことであろうか。それは宿世から法縁ありて、三宝を敬い習いて来たということであらねばならない。それが今日の信心歓喜となったのである。この事実を反省すれば、今日の信心歓喜あらしめるまでの如来大悲の善巧方便は深重であったということであろう。こうして今生において弥勒と等しき喜びをあたえられたる者は、ひるがえって遠く宿縁の有難さを感ぜしめられるのである。

二

この経説においてとくに心ひかれることは、六十七億の菩薩の往生ということである。その六十七億は『如来会』では七十二億とあるから、数が問題ではない。畢意これ無数ということであろう。またその往生人は、この世界からだけではない。経には他方の世界からも幾十億の聖者ありて往生すと説かれている。したがってその往生人は現在のみではなく、当来の世においてもあり、過去においてもあったのである。それは

已・今・当の往生は　この土の衆生のみならず
十方仏土よりきたる　無量無数不可計なり
―『讃阿弥陀仏偈和讃』―

と讃えられたものである。

しかしこれは果して事実であろうか。已におなじ『大経』には「往き易すくして人なし」と説かれている。世界の現状を見ても、念仏を疑謗するものはおおく、浄土のおしえはかえりみられない。しかれば往生人はきわめてまれであるということが、かえって真相ではないであろうか。この真相を見ることにおいて、ひとえにわれ一人のためなりという感も深いように思われる。しからば、この感知は、かの経説に反くものであろうか。

「みなまさに往生すべし」ということと、「往き易すくして人なし」ということとは、おなじ経の説である。そのかぎり矛盾するものではないのであろう。したがって信心の行者には両者は矛盾なしに感ぜられるものでなくてはならない。かえって両者は表裏をして交感を深めるのであろう。そこには敬虔感情の性格ともいうべきものがあるのである。

三

おもうに身心は一如である。されど強いて分別すれば、心のはたらきは知であり、身の受くるものは感であるというを得るであろう。しかして心の知るところは無限に開けているが、身の感ずることは有限に閉じられているようである。それは身は各個に別であるからであろう。けれども心はじかに無限にはたらくといっても、知の性格は分別的であることにおいてそれ自体は有限である。だから知は無限であることができない。無限に了達しているという知は、その実は感に他ならぬのではないであろうか。

これにたいして感情は個身に閉じられてはいるが、感情そのものの性格は無限なるものである。感情は湧き出る泉のごときものである。それは制止しようとして制止しきれないものである。これすなわちその性格が無限のものであるからである。したがって感情はつねに身に余るものである。やるせなきものである。悲しみは涙にあまり、喜びは手の舞い足の踏むところなからしむる。だから信心の行者もその悲喜の交感にひたれるときには、いかにしても、それを他に伝えることができず、ただ自身一人のものとおもわずにおれぬのであろう。「往き易すくして人なし」の経説に感激するもこの心である。しかれば「五劫思惟の願をよく〳〵案ずれば、ひとへに、親鸞一人がためなり」ということも、この身にあまる喜びの表白であったにちがいない。したがってそこには信ずる人のまれであることの悲しみもあったのであろう。悲喜はつねに交感によりて深められるものであるからである。

こうして感情には、つねに他に伝え得ないもどかしさがあるのである。それにもかかわらず感情はかならず他に伝わるものである。これにたいすれば智識はかならず他に伝え得るものではあろうが、しかし実際には賢者の知識は、愚者に伝わらない。したがって知識の伝わりには碍りがあっても、感情の伝わりには障えるものがないのである。われらは、その伝われる感情におどろきて、感情こそは、自他を越えて、普遍なるものなることをおもいしらしめられるのである。したがって他にある感情も、また直ぐに自に伝わるのである。自他ともに伝え得ないものと思いつつ、伝わっているのである。この感情は聞法において自他の呼応となりて、同一念仏の喜びをあたえる。しかしそこに無辺の同朋あるを思いしらしめられるのである。それが信ずる人はまれであることと、無数であることと矛盾なからしめているのである。

四

わたしたちの師友の間には、しばしば説くものと聞くものとの心がけが話題となる。しかしてつねに説くものはいかに誠実であっても、聞くものの真剣さにおよばないことを反省せしめられるのである。語るものには知のみおおくして感は乏しくとも、聞くものには、その知よりも感が受容せられているのである。貧しき感の火も聞く人の胸に移りて、燃え上るのである。この事実を翻っておもえば、語ることの感激も聞く人の真剣さに依っていることであろう。この反省を語りあう師友は、あるいは「説くものは凡夫、聞くものは仏」といい、あるいは「説くものは水に画き、聞く者は石に彫む」というのである。

これはいうまでもなく、いたずらに説く立場を卑下するものではない。畢竟は説くというも聞くことの他ないことをおもい知ることである。それに依りて説く立場におかれてあることに深い感激をもつこととなるのである。仏法の弘まることは、説く者の功ではなく、法そのものの徳であることが身に浸みて感ぜられるからである。愚鈍の身の説くことにすら、喜びの感情をもって受容する人びとのあるかぎり、仏法の弘まっている事実を否認することができない。念仏の人びとには仏法の広まらないことを悲しむものはないようである。

されど、その仏法の流通は、教団の隆盛という形であらわれるものではない。また同一念仏者の集会によりて、有力なる何事かがなされているということでもないのである。そこに着眼して識者は仏教は衰退しているといい、「日本に仏教なし」とさえいおうとしているのである。そこには宗教とはかならず教団を形成するものであるという予定観念もあるのではないであろうか。また信心とは敬虔感情であるに止まらずして、人間生活の動力となるものでなくてはならないという要求もあるようである。されどそれははたして、そうなくてはならないものであろうか。社会を問題とする人も、宗教心はあるべきである。されど宗教心あるものは、かならず社会問題に取り組まねばならぬのではない。それは仏教学者は仏教信者であるべきであるが、仏教信者はかならずしも仏教学者でなくともよいようなものではないであろうか。

それのみではない。仏法を信ずる人はおおく、隆盛であるといっても、相互に名告りあうているのではない。念仏の信者は教団に氏名を登録するひつようがないように、また名告りあうひつようもないのである。その意味において本願の宗教は超社会的であるともいえるのであろう。そこに感じられてあるものは、「無辺の同朋」というものである。

五

「本願を信じ念仏まうす」ものは、真宗の同朋である。されど天下万人が同朋であるということでなくては、「本願を信じ念仏まうす」ということも成立しない。如来の本願は十方衆生を大悲してのものである。したがってその悲願を信ずる者の心には、「一切の有情はみな世々生々の父母兄弟」であるという感情がなくてはならない。しかれば念仏もうす身にも、それが一切の往生人の行であることが感ぜられているのであろう。

ここには人間の心にある同朋と、如来のおん心をいただいての同朋とがある。しかして、この両者は現実と理想というようなものではない。それはまことに表裏となっているものである。したがって、その表裏を見失わないことにおいてのみ同朋教団というものがあるのであろう。この意味において同朋教団には結束がない。そこには念仏の行人は増加しても、真宗教団は隆盛しないという事実もあらわれてくるのである。それは悲しむべきことであるか、喜ぶべきことであるかは解らない。「宗旨伽藍は人の作るところなり。……強ひてこれを防護して失はざらんとするは、いはゆる偏見にして、また貪欲なり」といえる上人もあった。されど同一念仏の喜びをもつものは、衆会して語りあう場をもちたいということも自然の感情であろう。しかれば教団の問題は、その隆盛か衰退かにあるのではなく、ただその本義がまもられているかどうかにあるのである。

おもうに現在の状勢にありては、仏法の流通と宗派の興隆とを一つに見ることは、いかにしても無理なことであろう。念仏の信者はからなずしも教団に奉仕しようとはかんがえていない。僧籍は真宗でなくとも、ただ弥陀の本願を信じている人がある。外教の人ですらも、念仏の有難さを語っている人がおおい。それらの人びとを不徹底であるということができるであろうか。本願念仏の教は宗派を越えて弘まろうとしているのである。それは宗派人の阻止することのできぬものである。まことにそこにこそ本願力の不思議があるのではないであろうか。

浄土の往生人は、この土の衆生のみではない。「十方仏土よりきたる、無量無数不可計なり」の経説を思いて、感懐かぎりなきものあるをおぼゆることである。

二三　分限の生活

本　文　律宗の用欽のいはく、いたれること、華厳の極唱、法華の妙談にしかんや。かつはいまだ普授あることをみず。衆生一生にみな阿耨多羅三藐三菩提の記をうることは、まことにいふところの不可思議功徳の利なり。已上

口語訳　律宗の用欽師はいう。至極の妙談は『華厳』『法華』に及ぶものはない。しかも、その経に普く凡夫がこの一生に無上正真の道を成就するということは説かれてない。されば念仏こそは誠に不可思議の功徳といわねばならない。

一

律宗の用欽は元照の弟子である。『阿弥陀経』を解釈して『超玄記』を著わした。その『阿弥陀経』には仏名・経名を聞き浄土に生れようと願うものは、みな仏道を退転しないと説いてある。そのようなことは大乗仏教を代表する『華厳経』にも『法華経』にも説かれていない。しかれば念仏往生こそ、まことに不可思議の功徳といわねばならない。――それが用欽の領解であった。

ここではまずもって『華厳』と『法華』とが『阿弥陀経』と対照せられていることに留意すべきであろう。『華厳経』は釈尊成道《さとり》の内景をそのままに説きあらわされたものであり、『法華経』

は仏陀の教化の終帰における満足を明かせるものである。したがって仏教の大乗精神はこの二経に尽されているといってよい。だからこの二経によれば、いかなる衆生も成仏のできないものはないのである。しかるにその道理は十分に説かれていながら、その実際があきらかにされていない。しかし、その実際はかえってこの『阿弥陀経』に説かれているのである。

つぎに心ひかれることは、それが律宗の高僧の説であることである。その『超玄記』はいまはつたわっていないが、親鸞は披見せられたのであろう。その師、元照のことばとともに『行文類』にも『超玄記』が引用されている。師弟ともに律宗でありながら深く浄土教に帰依せられた。そこにわれらは、戒律というも念仏のこころにおいて行なわれるものであることをおもいしらしめられる。

持戒坐禅名正法、念仏成仏是真宗
いましめまもり、心しずめよ
み名にてさとる、これ真宗ぞ

しかしとくにここに用欽のことばが引用されたのは何故であろうか。それはおそらく王日休が『法華経』によりて念仏者は弥勒におなじと説けるものとおもいあわされるものがあるからであろう。王日休の説くところを推究すれば、浄土の経説は「法華の妙談」に勝るということになるのである。したがって、用欽の領解も念仏者は弥勒とおなじことを証明するものである。

二

こうして用欽は浄土の教えは『華厳』・『法華』にまさることをあきらかにした。これによりてわたくしはかえって浄土の教えこそ『華厳』・『法華』の精神を全現せるものであることをかんがえてみたい。それは『華厳』も『法華』も大乗教は出家と在家との別ないことをあきらかにしようとしているものであるが、その精神はただ念仏のこころにおいてのみ身証されるということである。

『法華経』は万善同帰と説くものである。古来この経によりて資生産業皆遵仏道と領解してきた。この経の精神が解れば、日常生活そのままが仏法となるということである。「譬喩品」における長者火宅の喩、「信解品」における長者窮子の喩をみれば、人間にありては、大小凡聖の別はあっても仏智にありては一味平等にみられていることがしられる。「地涌品」の説くところによれば、大地に親しんで生活する群生の仏性においてこそ、かえって真に如来の寿命《いのち》が感ぜられるのであろう。そこに「法華の妙談」があるのである。

「華厳の極唱」にいたりては広大無辺で凡智の測りうるものではない。されどその実際は善財童子の求道物語において想察することができる。童子の値遇した五十三人の善知識というものには在家の信者が多い。それぞれの身分と職業とにおいて普賢の徳を成就せるものである。その普賢とは生活のいかなる状態をも経験して知悉しているということである。だから煩悩を厭うていては普賢であることができない。しかれば普賢行というも「煩悩を断ぜずして涅槃をう」ることの他ないのであろう。その善知識の身証するところもまた広大無辺で測り知れないものである。されど心して経意をうかがえば、すべては手近にあるものである。したがって、手近に感ぜられているものこそ広大無辺の徳あるものといわねばならない。道は近きにありて徳は高遠である。そのことを説きあかそうとするものが『華厳経』である。

三

ここでわたくしは「分限の生活」ということをかんがえてみたい。人おのおの身分があり職分がある。男女老少等は身分であり、農商労使等は職分である。したがってその分に限定されたる生活があるのである。その分限の生活を為すことが普賢の行となるのである。それは世のため人のためといっても、自分の分限を尽すことの他ないということである。

仏道とは自利・利他を満足するものといわれている。それはあたかも自利と利他を区別するもののようである。されど人間の行為には、本来自利と利他とを分つことのできないものがある。人は何を為すかということは、たしかに自身の欲するところ、好むところであるにちがいはない。そのかぎり、それぞれの業務を楽しんでいるのである。しかればそれはまったく自利の行というものであろう。されどそれはかならずそのままに世のため人のためになっているのである。その意味においてそれは利他行といわねばならない。したがってもしその行為がまったく利他の意味をもたぬことが明らかとなれば、その人は自利の喜びをうしなうこととなるであろう。自己の職分に満足を感ぜしめているものは、それが利他の徳をもっているからである。

これを翻せばそれ自体が利他行とのみ見える行為も自利行に他ならぬということである。そのことは政治・教育等を任務とする指導者たちにとくに反省せられてよいことであろう。独り者は親切であるという事実がある。その親切において生き甲斐を感ずるからであろう。その生き甲斐を感ずるということこそ自利というものではないであろうか。しかれば政治・教育のようにまったく利他行とのみみえる行為も、それを自身の道と感じているかぎり自利行といわねばならない。いかなる人物といえども、生の喜びを感ずることのできぬ行は為し得ないのである。

しかるにわれらは自利行と利他行を区別しようとしている。されどそれは行務の性格を異にするものであって本質によるものではない。もしそれが本質的に異るとするならば、それは我執といわねばならぬのであろう。自利は我執によりて利己心となり、利他は我執によりて功名心となる。ともにその分限をわすれているものである。したがってその生活は身についていない。その人は真に幸福を感ずることはないであろう。「分を尽して用に立つ」そこに人間生活の有難さがある。それは分を尽すところに自利あり、用に立つところに利他があるからである。真仏弟子の普賢行というも、それより他はないのである。

四

われらの行為はつねに自主的であらねばならない。しかし自主的であるということは、わが意のままということではないであろう。「随処に主となる」ということは、そのときそのときの情勢に従って善処することである。その従うべき道を知らないものは、自主性なきものといわねばならない。しかれば分限の生活は、身分・職業等において定まるだけではなく、自身のおかれている位置、宿命的な性格等によりても、おのずから定まるものであろう。老少男女に分限の生活あり、教えるものと学ぶものとに行為の分限があることはのぞましいことである。富める者の道徳と病める者の道徳とは、その分を異にすることによりたがいに用に立つのではないであろうか。人権は平等であるといっても、人各々の義務あるところにおいて成立するものであらねばならない。

ここにかんがえさせられることは、権利・義務という思想である。それは善き法律であっても善き道徳であるとはおもわれない。老少悪善の人をえらばず、その存在を認容するものは、ただ大慈大悲の仏心である。しかしその仏心を信ずるものは、その感激において、かえって自身の存在を主張しない。しかるに権利による平等は自身の存在を主張する。そこにはつねに存在を保証し得ない不安があるのではないであろうか。

義務とはしたしめることばである。それは分限の生活とも思い合わされるからである。また道にしたがっている。そこに自主性が感じられるからである。それにもかかわらず権利ということばと結びつくときになにか強制的なものになるのは何故であろうか。そこに自主性がうしなわれ、したがうことの喜びが見出されないからである。人間の純真なる生活は法律以前にあらねばならない。その純真なる生活をあらわす善いことばがないのであろうか。

われらは分限の生活の有難さをわすれてはならない。本願を信じ念仏もうす喜びも、この分限の生活の場をあたえられるからである。それによりて権利義務の思想も、いたずらに自己主張とならずに、柔軟心をもって受行することとなるであろう。そこに生活に即する宗教あり、また自然の道徳というものがあるのである。

五

『華厳経』に説く善財童子の善知識には、僧侶あり、信者あり、女性あり、長者あり、医師あり、船人あり、仙人あり、外道あり、童子あり、童女もあるのである。それは道を求むる心さえ真実ならば、善知識は到るところに見出されるということを説くものであろう。しかるにその善知識たちはおのおのその行知し身証せることを語るのみであって、道理を説き、教法をのべるということはない。善財童子は、それらの善知識の門に入り、その身を見、その室を見、その家を見、その為すところを見て感化をうけているのである。しかしてその受けし感化はつねに全仏道である。女性も長者も乃至童男・童女も、それぞれの行為と生活において、すべての仏に仕え、すべての衆生を救い、すべての国土を浄めているのである。したがって善財童子の求道心は五十三人を待たず、いずれの一人にても十分に満足されているはずである。

しかるに善財童子は、厭《あ》くことなく善知識をもとめていくのである。またどの善知識も、自分は全仏道を身証していると説いているものがない。わが知るところは、これだけである。さらに深さを究めようとするならば誰々を訪へとつぎの善知識を指名するのである。ここにこそ分限の生活というものの意味があるのであろう。何人の生活も特殊的のものであることにおいて分限あるものといわねばならない。したがって何人も全知であり、全能であることのできないのはいうまでもないことであろう。しかしそれは分限の生活に普遍的意味がないということではない。かえってその特殊の行務に満足するところに、普遍の功徳が成就せられていくのである。

この事実をあきらかにするために『華厳経』にはおなじようなことが繰返えして説かれている。いずれの善知識の境地も甚深微妙であり広大無辺である。されど已にいうようにそれはきわめて手近な事実である。わたしがわたしの分限の生活に従事するとき、花は咲き月は輝くのである。家族も家族であり、同朋も同朋であるのである。おそらく国家の政治も、世界の平和もこの分限の生活に従事するという「場」においてのみ行なわれるのであろう。人びとが「分を尽して用に立つ」喜びを感ずるところに、釈迦も成仏し、正法も興隆するのである。

二四　涅槃の期待

本　文　まことにしんぬ。弥勒大士、等覚金剛心をきはむるがゆへに、竜華三会のあかつきに、まさに無量覚位をきはむべし。念仏の衆生は横超金剛心をきはむるがゆへに、臨終一念のいふべ、大般涅槃を超証す。かるがゆへに便同といふなり。しかのみならず金剛心をうるものは、すなはち韋提とひとしく喜悟信の忍を獲得すべし。これすなはち往相廻向の真心徹到するがゆへに、不可思議の本誓によるがゆへなり、と。

口語訳　真に知る。弥勒大士は等覚《さとりちかき》の金剛心を窮めているから竜華三会の暁に無上覚《さとり》の座につかれるのである。しかるに念仏の衆生は、横超の金剛心を獲るから臨終一念《このよのおわり》の夕に大涅槃を証るのである。それ故に「便ち弥勒と同じ」という。それのみではなく、金剛心をうるものは、韋提希と等しく即ち喜・悟・信の忍を獲得することができる。これすなわち、往相廻向の真心が徹到するからであり、不可思議の本誓によるからである。

一

王日休のことばから、いろいろとおもいあわされた「信心の行者は弥勒と同じ位である」というよろこびをここで結ばれたのである。これは余程ふかい感激であったにちがいない。自力の修行にも金剛心というものがある。それは自利利他の徳を満足して、いま一息で成仏するという等覚の位においてである。その位になればいかなる障害にも壊られることのない金剛心を得るのである。しかして弥勒は現にその等覚の金剛心をきわめている。だから五十六億七千万年の後の世には、兜率天宮からこの娑婆界へと下生し、竜華樹の下に成仏の名告《なのり》をあげ、そこで三会の説法をせられることになっているのである。それは釈迦が菩提樹の下で成仏し一会の説法をせられたとおなじ方式である。

しかるに念仏の衆生には金剛の信心をいただいているから、已に人生を超越する道を身につけている。したがって一生凡夫でありながら臨終の一念には大涅槃を超証することができるのである。その方式はまったく異なりつつしかもその徳は弥勒とおなじである。それが王日休の便同弥勒といえる意味である。

そこにあたえられてあるものは、等覚の弥勒と念仏の衆生とは同位、同格であるということである。されどそれはただ名だけの同位、同格ではない。已にいうように信心の行者は「韋提とひとしく喜悟信の忍をう」るのである。現生にこの徳を与えられているから来生のさとりに疑いがない。これすなわち念仏往生と決定するものは如来の真心の徹到せるものであるからである。またこれ不可思議の本願によることである。それなればこそ念仏の信心には自利・利他の徳ありて、弥勒と同格であることができるのである。

二

この親鸞の述懐において、もっとも心ひかれるものは、「臨終一念の夕、大般涅槃を超証す」ということばである。これこそは「無明煩悩われらが身にみちみちて欲もおほく瞋り腹だちそねみねたむ心多く間《ひま》なくして、臨終の一念にいたるまで、とどまらずきえず」とおもいしれるものにとりての無上なる安慰となるものである。それはいくたびもくりかえすことながら、「長き迷いも今生を限りとして」という落着《おちつき》である。その涅槃への期待が、業苦の人間生活に喜忍をあたえ、「名残を惜しむ」したしみをも感ぜしめるのである。

この感情は「臨終に正念を期す」るものと似ているようで、実はまったく異るものである。臨終に正念でありたいということは、人生の終りを全うしたいということであって、それは人情の自然でもあろう。されど死の縁は無量であるから、いかなる苦悩をうけて見苦るしい終末になるかもしれない。さらに来生も今生のつづきとおもうものにとりては、臨終正念ということはぜひとも、要求せられることであろう。そこから来迎を待つということも願われたのである。されどその来迎を待つは自力の行者であり、臨終の正念を願うものは真実の信心なきものと説かれている。しかれば臨終に涅槃を期する心は、それとは相反するものでなくてはならない。それは来生を今生のつづきとおもうているものではないからである。

人間を動顛せしめるものは、死に待たれているということである。それが一転して死に待たれているいうことが人間に寂かなる安慰をあたうるものとなる。そこに信心を得たる身の福徳があるのである。しかしてそれによりてまた人生についての正念をあたえられるのである。臨終に正念を期するのではない。正念が涅槃を期する心からあらわれるのである。煩悩の生活においても正念を失わない。それはやがて死が来るという涅槃への期待が、動乱する心を正念に立ちかえらしめる縁となるからである。

したがって涅槃への期待は不死を続生にもとめるものではなく、かえって永遠を現生に内感するものである。しかるにその永遠を現在において内感するということは聖道のさとりであり、また種々の道においてもとめられている静寂ということも、その他にはないのであろう。禅室における寂《しず》かさ、それは生死を一如とする境地である。されどそれは一時《ひととき》か、終生か、かならず身を俗界からはなれしめねばならない。したがってそれは煩悩を断じての涅槃というのであろう。

いま親鸞に述懐せられているものはそれではない。煩悩の生活の臨終に期せられている涅槃である。それは煩悩いよいよ興盛にして、得涅槃のよろこびいよいよ深いものである。それが「臨終一念の夕、大般涅槃を超証す」ということばのあたえる感銘である。

三

しかるに涅槃を臨終に期待するものは、たえがたきものとしての人生観をもつものである。したがってただ生きるよろこびのみを感じ、または既に幸福の身にあるものには通用しないことであるかもしれない。されどそれらの人びとにありても「死」は暗いものであることは間違いのない事実であろう。知性は来生を否認する。されどそれは死の暗さを除くことにはならない。死の暗さは来世の有無を分別する知性にかかわらず臨終の夕べに黒ずんでいる。それはまことは広さも深さも知らない大暗黒である。

されど「本願を信じ念仏もうす」身には、その大暗黒を限りなく照破する光が感ぜられる。その光は人間の愛と憎しみとを解消して一如に帰せしめる境地を見せしめる。そこを仏教では浄土と説いたのであった。愛憎の人間業を浄めたる境地（土）であるからである。それを「親たちの世界」とも呼んで来た。「親たち」とはしたしいものの呼び名であるから、われわれの思い出にあらわれるすべての人びとを指すものである。

思い出の世界にある人びとは、この世を去ったものにはちがいはないが、だからといって亡《な》くなったものではない。かえって永遠に生きている人びとである。しかしてそこへ、われらもまた臨終の夕、往生せしめられるのである。

わたしはこれを知識として説いているのではない。ただ敬虔感情において語っているのである。しかし敬虔感情はけっして無知なるものではない。真実にうなずき如来の願心を了解することに於て智慧をそなうるものである。それが智慧の念仏といわれ、また信心の智慧といわれているものである、その智慧こそは知識よりも根本的のものといわねばならぬものであろう。敬虔感情を根底としない知識は善いものではない。ただ念仏に受容せられる思想のみが真実である。

したがって敬虔感情を表現してのことばは、知識分別による思想と同視せられてはならない。おそらく仏教、とくに浄土の教説は、すべて敬虔感情の智慧によりてのみ了解せらるべきものであろう。しかるにそれが知識に分別せられて、往生浄土の教は無学文盲の者の信仰であるということになった。されど知識人はかならずしも敬虔感情をもっておらないように無学文盲の者には真実が了解されぬということはないのであろう。敬虔感情は原始人にもあるにちがいはない。それは人間にとって原始的なる感情であるからである。

わたしはこの感激において、いますこし興奮している。しかして老いてゆく身において臨終一念の夕べは親たちの待つ光の世界であることに寂かなるよろこびをおぼえる。親鸞の心境にも、それがあったのではないであろうか。

四

ここでわたしはまた「空手にして故郷に帰る」ということばをおもいだした。故郷へ帰る心安さは空手で父母に迎えられることにあるのである。立身出世の道を失っても郷里へ帰れば山河は大手を拡げてうけいれてくれる。それが親たちのある故郷のありがたさである。

とはいえ、この世にある親たちには、親たちのよろこぶものを身につけて帰るということも自然の感情であろう。立身出世というようなことでも、真に心からよろこんでくれるものは親たちである。さらには郷里の人びとであるということもできるであろう。されど彼《あ》の世の親たちに見《まみ》えるためには、なにがひつようなのであろうか。

ここには「臨終の夕」に立ちて自身の一生を回顧するということが行なわれる。幾山河を経て来れる一生である。思い出としてのこるものはただ愚鈍のゆえに煩い悩んで来たということの他ないようである。

とすれば、まことに「不可思議の弥陀の誓ひのなかりせば、何かこの世の思ひ出とせん」というの他ないのである。しかしてその思い出のみが、また、あの世の親たちに見《まみ》える心となることであろうか。浄土は家郷であると教えられて来た。その家郷へと空手にして帰らしめられるのである。したがって臨終の一念に立ちての一生の回顧は、ただ懺悔の他ないのであろう。しかしてその反面にあるものは、身辺の人びとにたいする感謝である。広くはこの世において作りし業の懺悔とこの世にあらしめられた有難さである。

その懺悔の水が一生の業苦を洗い、その有難さの光が煩悩の氷を解《と》いて、「大般涅槃を超証」せしめるのである。これすなわち念仏の徳が臨終一念の夕べを機縁として明らかに身証せられることではないであろうか。

五

これすなはち、「往相廻向の真心徹到するゆへ」である。ここに、「真心徹到するひとは、金剛心なりければ、三品の懺悔するひとと、ひとしと宗師はのべたまふ」とある和讃が思い合わされる。真心が煩悩の身に徹到するとき、そこに懺悔があらわれるのである。こうして煩悩の一生が懺悔の思い出となりて涅槃するのである。それこそは善導によりて悟忍といわれたるものであろう。念仏者はなにを悟るか。人生は業障懺悔の場であったと悟るのである。

しかしてその業障の懺悔において、万人帰一の浄土が見開かれる。それは懺悔の心は自他を分つものではないからである。懺悔とは自善他非の心をひるがえすものである。なにをか懺悔する。自善他非の心を懺悔するのである。したがってそれは自利してのち利他するということはないであろう。ただ自他ともに如来の悲願に救われる道を求むる他はないのである。

弥勒は自利してのち利他する道をもとめた。あるいは自利を捨てて利他の行を修めたのであろう。それが竜華三会の暁を待ちて成仏することになったのである。

しかるに念仏者は臨終一念の夕べに大般涅槃を超証するのである。これ自利利他をおなじくせしめられる「不可思議の本誓による」からである。

二五　仏教の真宗

本　文　禅宗の智覚、念仏の行者をほめていはく、まれなるかな、仏力難思なれば古今もいまだあらず、と。

律宗の元照師のいはく、嗚呼、教観にあきらかなること、たれか智者にしかんや。おはりにのぞんで『観経』を挙し浄土を讃じてながくゆきんき。法界に達せること、たれか杜順にしかんや。四衆をすすめ仏陀を念じて勝相を感じてにしにゆきき。禅にまじはり性をみること、たれか高玉・智覚にしかんや。みな社をむすび仏を念じてともに上品にのぼりき。業儒才ある、たれか劉・雷・柳子厚・白楽天にしかんや。しかるにみなふでをとりまことを書してかの土にむまれんと願じき。已上

口語訳　禅宗の智覚は、念仏の行者を讃めていう。奇なるかな仏力の不可思議なることは古今にまだ曽てないことである。

律宗の元照師はいう。ああ教観に明らかなることは、たれか智者に及ぶものがあろうか。その人も臨終には『観経』をあげ浄土を讃えて、この世を去られた。法界に達せることは、たれか杜順に及ぶものがあろうか。その人も僧俗を勧めて仏を念じ瑞相を感じて西に逝かれた。参禅して見性すること、たれか高玉・智覚に及ぶものがあろうか。その人々も社を結び仏を念じて往生せられた。儒家の才あるものとしては、たれか劉程之・雷次宗・柳子厚・白楽天に及ぶものがあろうか。その人々も皆な筆を執り、誠を書《しる》して彼の土に生れようと願われた。

念仏して浄土を願うことは、仏法の真宗である。したがって仏教の諸宗において、それぞれの善を行ない道を修めても、その体となるものは念仏である。これすなわち「行善の義はもと帰依にあり」ということであり、帰依なき行善は「彩色に膠なきが如し」と説かれしゆえんである。しかれば善き言行も、念仏のこころに摂め取られてのみ、その徳を成すものであろう。そうでないと、行善は心の誇りとなって身についたものとはならぬのである。

その行善とは道徳にかぎるものではない。道理を知る智慧においてもおなじことである。いかなる思想も念仏に受容せられなければ、真実とはいえない。言いかえれば、ただ念仏に受容せられる思想のみが真実である。これすなわち念仏とは、自己をたのまず、ひとえに仏力に帰依するものであるからである。したがって念仏の行者にあらわれるものは仏力そのものにほかならぬのである。

この意義をしれる智覚禅師は、念仏の行者にあたえられる功徳利益は古今にまれなるものであるが、それは仏力の不可思議によるものと讃嘆せるのであった。それは、いかなる行善の功徳も念仏の功徳におよぶものがないということであろう。それを古今未曽有といいあらわされた。その古今未曽有とは、すなわち古今を超越していることである。したがって思想と行善とは時代によりて変異があっても、念仏の功徳に推移はないのである。しかれば仏法の体である念仏は、すなわち仏教の伝統の体となるものであらねばならない。ここに念仏して浄土を願うことは、仏教の一宗派の法ではなく、全仏教の真宗であることが思い知られねばならぬのであろう。これすなわち念仏成仏是真宗と説かれてきたゆえんである。

その事実は、智慧の念仏により、信心の知慧によりて見開かれたものである。しかしその智慧の誤りなきことは、また諸宗の高僧の言行によりて証明せられる。その心から親鸞は、さきの「行巻」において広く諸宗の高僧の念仏讃嘆の文を挙げ、いままた「信巻」において手短かに道念ある人びとの願生心を述べるのである。

二

それらの人びとのことは、すべて律宗の元照師の『楽邦文類』によるものである。しかしてその『楽邦文類』にはおおくの高僧の浄土へと願われた文章が編集されているのであるが、いまここに挙げられたものは、とくに有名なる人びとについて、道に二つはないことを語るものである。

その第一に挙げられたものは、時の帝王から智者大師の号を賜われる、天台宗の祖師、智顗である。この人は広大なる構想の下に全仏経を分析し綜合してその教相を明らかにせられた。しかしてその上に心を止《とど》め、諸法《ものみな》の実相を観る仏法を行修せるのである。そこに「ああ教観に明らかなること、たれか智者にしかんや」といわれるゆえんがある。それだけ智者の天台宗は、中国仏教を代表するものであった。しかしてそれが日本につたわりて比叡山の学問の基本ともなったのである。源信の『往生要集』も見方によりては、その止観を伝えたものといえよう。しかるにその大思想家であった智者大師も、臨終には人びとに無量寿仏の名と、『観無量寿経』の題目とを称えしめて、四十八願荘ニ厳浄土一、華池宝樹易レ往無レ人と誦し長逝せられたということである。

ここでは、その教観を語るひつようもなくまた説き尽くし得ることでもない。されどその一端を知ることも無用ではないであろう。その教は頓・漸・秘密・不定の四つに分類せられたものである。経典のうちには、頓《ただち》に第一義諦を説かれたものがある。それは優れた器にたいして直観せしめられたものである。禅のごときはその頓教というべきものであろう。これにたいして卑近なる思想から、漸次に高遠なる道理へとみちびくものは漸教である。しかるに仏教には、この頓漸の二方式のほかに秘密と不定なるものとがある。その秘密は教説を暗示に止めて、言外の理を悟らしめようとするものである。またその教説を聞く者の器によりて、いかようにも了解せられるものは不定教といってよいものであろう。この智顗の四教説は、今日においても、経典を学ぶもののの指針となるものではないであろうか。

しかし四教を分つことは、教そのものに四種ありということではない。教の真実は、四教の方式を超えてあるものである。その教の真実において三諦円融の観は成立する。三諦とは諸法の実相は空であり仮であり中であるということである。しかしてその空・仮・中というも別なものではない。即空・即仮・即中と円融しているのである。畢竟それは実相は不可思議であるということであろう。不可思議なるものは知識で把握することはできない。空である。不可思議なるものは現にそこにあるものである。それは仮というの外ないであろう。現在は仮在である。だからその在は、有でもなく無でもない。また有といっても無といってもよいものであろう。それが中である。人もしこの三諦の妙理に達すれば何ものにも繋縛せられることなく無碍の一道を行くことができるであろう。

親鸞もこの教・観を学べるのであった。それが浄土教に帰することになってから、その教を『大無量寿経』に見出し、その観念は転じて称名念仏となったのである。それだけ天台の教・観は思い出の深いものであったのであろう。親鸞の用語に、円融・円満等のことばの多いことも、これによることではないであろうか。

三

つぎに挙げられたものは、華厳宗の第一祖といわれている杜順である。この人の『法界観門』はあの広大なる『華厳経』の原理を、簡潔に四法界を説くものと見開いたものである。法界とはわれらの身心に感知されてあるかぎりの天地万象であり、人事万端である。それが事法界・理法界・理事無碍法界・事々無碍法界と四重に観られる。事法界とは、それぞれの差別相をもってみられる万物である。理法界とはその万象を通じて見られる平等一如なるものである。しかしてその差別と平等とは表裏となっているところに事理無碍というものがある。その事理無碍の道理は、事々物々の上に現成する。そこに事々無碍の実相がある。したがって、この法界の道理に達すれば、永遠も現在にあり、宇宙も己身に内在することが感知せられるであろう。一の内に一切は具わり、一切の内に一が見出される。それが具体的現実である。

しかれば分限の生活ということも、この事々無碍の道理の上に成立するものに他ならぬのであろう。人それぞれの行為が、そのまま自利・利他を成就するものである。世界に貢献するものは政治や学識にかぎるものではない。田を耕やすものも、市に商うものも、職場ではたらくものも、そのままにして世のため人のためになっているのである。それが「普賢の行」といわれているものである。普賢とはまた遍吉ともいわれている。遍吉とは四方八方が、吉祥《めでたい》ということである。まことに人おのおのが、その行務をつくすことによって、自利・利他が満足せられるということは、これに越したる遍吉《めでたさ》はないといわねばならない。

その華厳宗の第一祖である杜順も四衆（出家と在家との男・女）に念仏をすすめられた。しかして臨終には奇瑞を感じて西方浄土へと往生せられたのである。

四

第三に挙げられたものは、禅家の高玉・智覚の二師である。二師は同志と結社し「上品の往生」を遂げられた。その上品の往生とは『観経』に説いてある九品の往生人のうちの優れたるもので、大乗経典を読み、第一義の道理に通達せるものの感得するところである。それほどまでに二師は学徳の高い人であった。

智覚には『万善同帰集』という著作がある。それには参禅と願生浄土との帰一が論ぜられている。おもうに禅の立場からいえば、阿弥陀というも心の内にあり、浄土というも身に感ぜられるものの外にはない。しかれば、阿弥陀仏は西方の浄土にありて、念仏の行者は、来生にそこに往生するということとは、まったく相反するもののようである。これによりて禅の立場にあるものは、浄土の教を方便と思想せるのであった。されど方便とは実践の方法ということであれば、かえって禅の道理に省察せねばならぬものがあるのであろう。

これによりておもうに、阿弥陀は心の内にありといっても、胸裏にもとめられるものではない。心の深みにある霊性は、はるかに意識を超えて生死の帰依となるものである。また浄土は身に感ぜられるものの外にはないといっても、われらの現実に感知しているものは煩悩業苦の外ないのであるから、浄土は現世を超えたる彼岸にありて、来生の悟に期待されるものであらねばならない。そこには内の内なるものは、外の外なるものとして畏敬せられ、来生にと期待するものこそ純粋なる内部感情であるといわねばならぬものがあるのである。この道理は、後代における中国の学僧によりて伝承せられた。こうして、実践仏教として興起せる禅と念仏とが、合流せられることは、まことに意味ぶかいことである。

五

最後に挙げられたるものは、儒者として浄土を願える代表者としての、劉程之・雷次宗・柳子厚・白楽天の四氏である。そのうち、劉・雷の二人は廬山の慧遠によりて結ばれた白蓮社にくわわり、一百二十三人の同志のなかでも、十八賢として推称された人びとに属するものであった。とくに白蓮社の誓文は劉氏によりて書かれたものである。柳子厚は韓退之とならび称せられた文章の士であり、白楽天は大衆詩人として周知せられている。この両氏の浄土を願生せられたことは、『楽邦文類』に集められている二三の文章によりてしることができる。しかし儒者にして仏法を学び、一家の見を立てたるものは、この四氏に止まらぬのであろう。ここではとくに浄土を願生せるものとして、その代表者を挙げられたものである。

しかれば出世の解脱をもとめる仏教の諸宗にかぎらず、世間道徳を説く儒教の思想も、その究極の帰依となるものは、本願を信じ念仏することである。真の仏子は、この道理を深く信じておらねばならない。それが大信海のこころであるからである。

二六　真実と方便

本　文　仮といふは、すなはちこれ聖道の諸機、浄土の定散の機なり。かるがゆへに、光明師のいはく、仏教多門にして八万四なり。まさしく衆生の機の不同なるがためなり。またいはく、方便の仮門、ひとしくして殊なし、と。またいはく、門々不同なるを漸教となづく。万劫苦行して無生を証す、と。已上

口語訳　仮というは、聖道の諸機と、浄土を願う定・散の機である。
それで善導は
　さとりの門は　数多し　　八万四千と　説きたもう
　根機ことなる　人々を　　導びき入れん　ためにとて
また
　仮の方便《みちびき》　異るも　　大悲のこころに　かわりなし
また
　よろづの法は　長き時　　つとめはげみて　さとるなり
と説かれた。

真仏弟子章は「真の言は偽に対し仮に対するなり。弟子といふは釈迦諸仏の弟子なり」という言葉から説きはじめられた。その語意を思うに仏弟子というもののなかにも「真」なるものだけではなく、「偽」なるものあり、「仮」なるものがあるということであろう。そこで、その「仮の仏弟子」として聖道の行者と、浄土を願いながら定散心をはなれておらないものを、ここに挙げられたのである。しかして、それは当時の教界にたいする批判と警告ではあるが、また親鸞自身の回顧と反省とであったとおもわれるのである。

聖道とは今日「禅」に代表せられているものである。それは親鸞にとりては「自力聖道の菩提心、こころもことばもおよばれず」と感ぜられるものであった。しかるに、その聖道自力が現に仏法として尊ばれているのである。これはおそらく「禅」でなければ知識を頼むこころを破るものはないからであろう。知識人にとりては、知識を超えたる立場というものが、とくに心ひかれるものであるからである。されど超知識の境地といってもそれは菩提心による知慧によりてさとられるものでなくてはならない。それでなければ、いかに論理づけても、野狐禅に過ぎぬものではないであろうか。しかれば、聖道というものは、畢竟これ自力の限界をおもいしらしめて、アミダの智願に帰入せしめる方便となるものにほかならぬのであろう。したがって、その方便に止るものは、「仮の仏弟子」と呼ばるべきものである。

しかれば『歎異抄』にいう「慈悲に聖道・浄土のかはりめあり」ということも、このこころにて領解すべきであろう。「ものをあはれみ、かなしみ、はぐくむ」聖道の慈悲は「おもふがごとくたすけとぐること、きはめてありがたし」という限界において「小慈小悲もなき身」と思い知られ「念仏まうすのみぞ、すゑとをりたる大慈悲心」となるのである。

二

「浄土の定散の機」とは『観経』に説かれている往生人である。この経には定善と散善ということが説かれている。その定善とは「慮を息め、心を凝らし」て浄土とアミダ仏とを想観することである。それは念仏して浄土を願うもののとうぜんの心がけであるともいえるのであろう。何故なれば、この定善の修行において、浄土とアミダ仏の実在がたしかめられるからである。浄土を願うから浄土を想観し、その想観が成就して浄土を願うこころが決定するのである。またアミダ仏を念ずるから、その身心を想観し、その想観の成就において念仏三昧となるのである。こうして定善観とは、そうありたいという根機に応じて説かれたものである。

しかるに、その定善は成就しがたい。なぜならば「慮を息め、心を凝ら」さなければならぬからである。それはつねにこころ乱れている凡夫にできることではない。とくにその定善の方式は経説に順わねばならないものである。もしすこしでも経説にちがうことあれば、それは邪観であって正観ではない。しかれば夢に浄土を見たとか、まぼろしに仏を拝んだとかいうような経験はなんのたのみにもならないものであろう。したがって経に定善を説かれたのは、往生人の要求に応じたる方便でありて、真実ではないといわねばならない。その要求を無下に拒否せずに順応しつつ、おのずからその成就しがたいことをおもいしらしめられる。それが方便の慈悲である。

しかし方便とは、ただ往生人の要求に応じるだけのものではない。かえってそれによりて真実の願心を感知せしめられるのである。ここには衆生《われら》のこころに順いながら、如来の願いをとげられるという経意があるのである。その経意を感知せる親鸞には、定善の「観」とは本願のこころをおもいうかべることと領解せられた。耳で聞くべき本願の真実が眼で見るように説かれたのである。

それは散善においても同様である。散とは平常心である。静止（定）していないこころである。散善とは、その平常心によりて行なわれる善である。その散善として『観経』に説かれているものは、つねに大乗の経典を読み、世の執着をはなれるように心がけることである。それのできないものは、せめて人倫の道徳だけでも守らねばならない。それは浄土を願うもののとうぜんの心がけである。されどそれらの修善によりて、かならず浄土へ往生ができると安心することができるであろうか。おそらくそれは何人にとりても不可能なことであろう。それは真実に心からなる

「悪を廃し善を修する」ことは難いからである。われらの善心には汚染が雑っている。だから悪を作すまいと心がければいよいよ悪のはなれ難いことが感ぜられ、善を為そうとすれば、それはいつも見せかけだけのものと反省せられる。したがって散善を心がけるものも、浄土を願うかぎり、念仏するのほかないのであろう。こうなれば散善といっても、念仏よりほかに往生の道はないとおもいしらしめる機縁となるものといわねばならない。その自覚にみちびくための方便に散善は説かれたのであった。そこに思いいたらないものは仮の仏弟子である。

三

これで「仮」の意味は明らかとなった。それは第一に「真」へとみちびくものである。しかしてその「仮」といわれるものは、真宗を外にしての全仏教である。その全仏教は「八万四千の法門」といいわれている。それは要するに「無量の法」ということであろう。あたかも名医は病に応じて薬をあたえらるように、釈迦は煩悩の病に応じて法薬をあたえられた。それが経典となってつたえられているのである。

その法門のいかなるものであるかは、今日、編集されている「仏教聖典」の目次を見ても、大方はしられるであろう。人間生活における、それぞれのばあいの心がけ、日々の教訓、さまざまの修養等は余すところなく説かれている。その教法に順っていけば、われらは幸福と安楽とを得るにちがいない。それは疑うべからざるものである。

されどわすれてはならぬことは、それはそれぞれの根機に応じての方便であるということである。ある病を治す薬は、その他の病を治すことができないということもあろう。その適薬をしらなければ名医とはいわれない。仏法もその対手の根機をしらなければ、利益のないものとなるのである。それで衆生《われら》の貪・瞋・痴に応じてそれぞれの対治の法も説かれている。されどその処方箋がいつでも適当であるのではない。それは貪欲の病であるか、瞋恚のわずらいであるかは解らないばあいもおおいのである。そのような例話も伝えられている。したがって真に「機に応じて法を説く」ということは、ただ仏陀のみにできることであるといわねばならぬのであろう。

それは仏陀のさとりは機にかかわりのないものであるからである。「人を見て法を説く」ということは方便であって、真実ではない。真実の法は人を対手にせずに説かれるものでなくてはならぬのである。仏陀はその自内証の『華厳経』を説かれた時には舎利弗・目蓮という智慧者も如聾如唖であったということである。されどこれは方便を無意味とするものではない。かえって、この真実に達せるものでなくては、方便をもちいることができぬのである。方便とは真実へと帰入せしめるものであるからである。ここには教家にたいしての課題があると見てもよいであろう。教家は法を説くに人を見てはならない。大衆の要求に応ずることは、迎合することではないからである。されど人を見ないで法を説いてはならない。教化とは大衆と共に教法に化益されることであるからである。

四

ここに思い知られることとは、第二に方便とは「大悲のこころ」を表わすものであるということである。したがって八万四千の法門といっても「大悲のこころ」を現わすものであることにおいては別はない。ただ一つである。しかれば如来の智慧というも、その「大悲のこころ」を感ずるところにある一如の光に他ならぬのであろう。しかるにその「大悲のこころ」を感知するものは念仏の信心である。したがって八万四千の法門というも、念仏のこころに摂めとられては、そのゆたかなる内容となるであろう。これすなわち「この行には、もろ〳〵の善法を摂し、もろ〳〵の徳本を具す。極速円満す。真如一実の功徳宝海なり」ということである。

ここにはその行は単純にして、その徳は無量である念仏の有難さがある。方便の教法といっても、真実に帰入すれば、そのまま真実の内容となるのである。したがって念仏者は、いかなる教法をも聞き得る耳をもつこととなるのであろう。その取捨は念仏の耳が行うのであって、凡智の分別によるのではない。すべての教法に「大悲のこころ」を知る、それが「仏教の真宗」であるからである。

五

されどそれは方便と真実との別はないということではない。かえって方便に止っていてはならぬということである。ここに方便の第三の意味がある。それは説くものは「門々不同なるを漸教となづく、万劫苦行して無生を証す」ということである。ここでは聖道の教をすべて漸教というこころであろう。たとえ頓悟を説く禅といえども、修行せないものは見魔といわねばならない。しかし修行することになればその終局というものはないであろう。その間にはいかなる雑縁あって退転せぬとも限らない。その退転を「怯劣」と警しめて精進するものは聖道の高僧であり、その「愚鈍」を自覚して念仏するものは浄土の祖師であった。されどその根抵には人間観の相違というものがあるのではないであろうか。

念仏成仏これ真宗　　万行諸善これ仮門
権実真仮をわかずして　　自然の浄土をえぞしらぬ
聖道権化の方便に　　衆生ひさしくとどまりて
諸有に流転の身とぞなる　　悲願の一乗帰命せよ

「悲願の一乗」に帰せなければ「自然の浄土」を感知することができない。聖道を求めつつ「諸有に流転の身」となる、底しれぬ悲しみである。

二七　仏法と外教

本　文　偽といふは、すなはち六十二見・九十五種の邪道これなり。

『涅槃経』にのたまはく、世尊つねに説きたまはく、一切の外は九十五種をまなびて、みな悪道におもむく、と。已上

光明師のいはく、九十五種みな世をけがす。ただ仏の一道、ひとり清閑なり、と。已上

口語訳　偽というは、則ち種々の悪見、種々の邪道である。『涅槃経』にいう。世尊はつねに一切外道の九十五種は、みな悪道におもむくと説かれた。

善導はいう

外なる道は　世をけがす　　仏の道のみ　清閑《さやか》なり

―

ここに記されていることは、仏法以外の種々の教えは、ことごとく悪い思想であり、邪しまな道であるということである。六十二見といい九十五種ということは、畢竟、その数が多いということと解してよいであろう。存覚師の解説では八十二見は「我」のあり方について分類されており、九十五種は六師外道とその亜流について数えられている。見は意見であるから思想であり、

道は実行であるから立場であるともいわれよう。いずれにしても、それは人心を惑わすのみである。ただ仏法のみが涅槃への道を開くものであるから、独り清閑といわれるのである。

ここには外教に惑わされてはならぬという、強い教誨が感ぜられる。外道といっても、かならずしも仏法已外の宗教とかぎってはいない。「見」とは哲学という意味もあるということである。とすれば仏教を受容しない知識人の思想はすべて外道といわれるものである。それは人心を涅槃せしめないことにおいて悪見であり悪道といわねばならない。それはおどろくべき断言のようではあるが念仏者のこころにおいては、とうぜんの智慧である。

しかしそのことがとくにいま真仏弟子章の終りに記されたのはなぜであろうか。これはおそらく「外儀は仏教のすがたにて、内心、外道を帰敬」しているものを反省せしめるためであろう。その意味においては「真の仏弟子」にたいして「偽の仏弟子」であることを説くものである。仮の仏弟子は真でなくとも、それだけの意味はある。偽なるものは仏弟子といっても、何の実もないものである。しかし偽なるものは、仮なるものにもまして、真に似ているのである。

二

親鸞において外道の邪執といわれたものは、「天を拝し、鬼神を祀り、吉良日を見るもの」である。したがって仏教を信奉しながら、「良時吉日えらばしめ、天神地祇をあがめつつ、卜占祭祀つとめとす」るものは偽の仏弟子といわねばならない。

かなしきかなやこのごろの　和国の道俗みなともに
仏教の威儀をもととして　天地の鬼神を尊敬す

しかるに仏教にこの邪執を導入せるものは老子を教祖とする道教であった。その教祖伝にまとわる常識はずれの奇怪なる伝説と、何等の実績もない奇蹟と、空想的なる世界観とで人心を蠱惑しているのである。そして仏教にはその伝説と奇蹟と世界観のないことをもって価値のないものとさえ説こうとしているのである。それが人心にうけいれられて、仏教にも侵入していることはまことに悲しむべきことといわねばならない。

三

これにたいすれば仁義忠孝を説く儒教は、現実的であり健全なる思想のようにおもわれる。されど現前の父子兄弟について愛情の親疎を分つことは、そこに偏執があるのではないであろうか。「一切の有情はみな世々生々の父母兄弟である。」しかるに親しきものは疎くなり、疎きものは親しくなりて、愛憎の定まりないことは、どうすることもできない。ここには如来大悲の本願を信ぜねばならぬものがあるのである。それでなければ仁義忠孝も清閑の道であることはできぬのである。

われらはさらに外道の邪見として、阿闍世王の苦悩を説き伏せようとする六師の説をかんがえしめられる。その説はとくに現代の知識人の思想に似ていることにおいて留意せしめられるものである。いまその二三を列挙しよう。

その一は善悪はその人とその時とによりて不定であることを理由として、自己の行為を是認する思想である。生物は愛護せねばならない。されど漁量の多いことは喜ばれている。他人を誹謗してはならない。されど職務によりては内情をあばくことがゆるされている。一般には罪悪であることも、政権としてはひつようであるとせられていることがおおい。こうして善の実現のために行なわれるものは、悪と見えても善とせられている。それは必要悪ともいわれているのである。

されどいかなる悪もその人のその時の感情では善と思われているということである。しかれば自己の行為を善とするものにも、悪をはなれることのできぬ悲しみが感ぜられねばならぬものではないであろうか。そこに人間の宿業がある。それは「さるべき業縁をもようせば、いかなるふるまいをもすべし」という悲しみである。しかしてその悲しみが、如来の悲願を感応して人間生活の救いとなるのである。

しかるに必要悪の思想にはその悲しみがない。そこにあるものは、権利意識のみである。しかれば宿業を語っても人間悲を感じないならば、それは真の仏弟子とはいわれぬものであろう。深く反省されねばならぬことである。

第二に挙げられるものは、責任転嫁ということである。それはいかなる場合にも、自善他非を離れない思想である。人間は協同生活しているかぎり、いかなることも互に全責任を負わねばならぬものである。それが、いくらかでも責任を分ちあうていることのできるところに生活の有難さがあるのではないであろうか。そこには悪の行なわれることにおいても、互にわびねばならぬものが感ぜられるべきである。

しかるに多くの知識人はその感情をもたない。したがって時代の悪を説いてはいるが、それを教化する責任を自身の他なるものに帰しているのである。あるいは自身を教化者として、他を被教化者とするのである。

それはいかにしても、真実の仏教思想ではない。人間悲は人間生活の懺悔である。そこから浄土の教えが説かれたのであった。しかるにその浄土の教えはとくに知識人の受容するところとはならない。阿闍世を慰めた外道のうちにもそれがあった。かれらは来世の思想を冷笑している。その口振りはいかにも賢こそうであるが、人間としての軽薄さが感じられる。それに対すれば、阿闍世の苦悩は、はるかに道徳的であった。

ここに一つ気づかしめられたことは、このような浄土教を非難する思想にたいして、親鸞は何の反駁も弁明もしなかったことである。ただ「諸寺の釈門、教にくらくして真仮の門戸を知らず、洛都の儒林、行にまどひて邪正の道路を弁うることなし」と批判せるのみである。

これは畢竟、軽薄なる知識人にたいしては、反論も説得も無意味であるということであろうか。

四

しかるに「仏教と外道」とについては、さらに重大なる問題が残されている。それは「外道の相善は菩薩の法を乱す」ということである。

わたしは久しくこの外道の相善とは、人間愛により社会道徳を説くものとおもうて来た。それが仏法と混乱するのである。相善はそうぜんとよむ時には形ありて実績の見えるものであるから、人権を平等に、貧富の差のないようにすることである。それに対して菩薩の利他は精神的であるから無相の善である。しかるにその相善はしようぜんと読まれる時には似せた善ということである。偽善であって真善でないということになるのである。そこに仏法と外道との混乱があるのである。

しかしこの混乱は避けうるものとはおもわれない。現代において尊敬されている仏教の大家も人間愛に依る社会道徳の実践こそ、如来の大慈悲を信ずるものの行ではないかと説いている。わたしはそれに反対することはできない。また反対すべきものでもないのである。

されどまた「存知のごとく助け難ければこの慈悲始終なし。しかれば念仏まをすのみぞ末とほりたる大慈悲心にて候」ということの真実をおもわざるを得ぬものである。ここには人間の理想の限界と如来の本願の無限との別が感ぜられるのである。

このことに就ては、已に「法王の臣民」（第九回）の題下に管見を述べた。四十八願には第一に、「わが国には地獄・餓鬼・畜生がないように」とある。知識人はここで早くも、如来の本願はすなわち人間の理想であると見ようとするのである。

その餓鬼とは生活苦であり、畜生とは人権のないものであると思惟すれば、それこそ現代の問題となっているものに違いはない。されど地獄はいかにして解消されるものであろうか。それは人間の根性によりて形成されているものであるから、どうすることもできないものである。そこに「いづれの行も及びがたき身なれば、とても地獄は一定すみかぞかし」の悲しみがある。しかもそのかぎりにおいて、真に餓鬼・畜生の苦も無くならぬのではないであろうか。そこには如来の悲願でなくては、救われない人間のすがたがあるのである。

それはけっして人間の理想を無意味とするものではない。ただその根本において如来の本願を信ずるということがないならば偽善となることを自覚されねばならぬのである。

五

こうして親鸞は真宗已外の仏教を「仮」の方便とし、仏教已外の思想を「偽」の邪執と断定するのである。それは諸宗の認容するところとはならず、識者の非難するものとなるはとうぜんのことといわねばならない。けれども真仏弟子章の初めからその教説を聞思し来れるものにとりては、親鸞の断定にはすこしも無理はなくただその真実に頷く他ないのである。とすれば「この上は念仏を取りて信ぜんとも、またすてんとも面々のおんはからひなり」という他はないことであろう。それは諍わざるの道である。

ここに思い知られることは、宗教の知識者は必ずしも仏教を了解しているものではないことである。宗教という言葉は本来は仏教のものであって、神との結びつき崇拝を意味するレリジョンの適訳ではないということである。といってもいまでは学者も国法でも宗教とはレリジョンであると決定している。仏教にもレリジョン化している部分がないとはいえない。けれども人生の愛執の上に立つ宗教《レリジョン》と、生死の解脱を説く仏教とは別なものであることは明らかである。したがって宗教学者も、生死の問題と対してはとくに修行を要することはとうぜんである。

それと同様のことが、仏教と真宗との間にもかんがえられる。いうまでもなく真宗は仏教であるにちがいない。それは真宗の信者のとくにわすれてはならぬことである。

けれども自身の生死解脱を問題とする聖道と、人間の怨親の解消する浄土の教えとには、根本的に別なものが感ぜられてあるのではないであろうか。それが外からは「浄土教は仏教でない」と批判され、内からは「門余の大道」と説かれて来たものである。したがって仏教を知る者は、かならずしも真宗を知っているものではないのである。

　こうして真宗は特殊の仏教であり、特殊の宗教である。しかもその本質としては、仏教を包容し、宗教を摂化しているものである。そこから、この世を超絶している浄土は、そのままにこの世とは別の世界であると感ぜられる。わたしはいま、その理を知として説き尽くすことができない。けれどもその事を信として語ることができる。それはかぎりない喜びである。

二八　愚禿の悲歎

本　文　まことにしんぬ。かなしきかな愚禿鸞、愛欲の広海に沈没し、名利の太山に迷惑して、定聚のかずにいることをよろ〔こ〕ばず、真証の証にちかづくことをたのしまざることを。はづべし、いたむべし、と。

口語訳　誠に知る、悲しい哉。愚禿鸞、愛欲の広海に沈没し、名利の大山に迷惑して定聚の数に入ることを喜ばず、真証の証に近づくことを快《たのし》まない。恥づべく傷むべきことである。

一

真仏弟子章は念仏者のうける利益を語り、信心の喜びを述べたものである。しかしてそれはすべて浄土往生の身となり、大涅槃を証するを得る徳に帰せられた。しかるにそれがいまここでは愛欲・名利の故に、「定聚の数に入ることを喜ばず、真証の証に近づくことを快《たのし》まない」という悲歎の述懐となっている。それはいかにも矛盾のようでありながら、かえって自然のおちつきを感ぜしめる。あたかも喜びがそのままに悲しみとなっているようである。

喜びと悲しみとは、人間の感情としては根本的のものであるといわれている。されど喜びは消え易く悲しみは尽きない。それで喜びも多かった一生にも、悲しかりしことのみが思い出となるのであろう。これ畢竟、悲しみのみが真に人生の有り方を思い知らせるものであるからではないであろうか。

ここに述べられた悲歎は『歎異抄』における唯円の問とおなじものである。かしこに踊躍歓喜の心おろそかにして、いそぎ浄土にまいりたい心がないということは、ここで「定聚の数に入ることを喜ばず、真証の証に近づくことを快まず」ということである。しかれば「親鸞もこの不審ありつるに」ということも、ここの述懐をおもいあわせてよいのであろう。したがって、ここでも、「喜ぶべき心をおさへて喜ばせざるは煩悩の所為なり、しかるに仏かねてしろしめして、煩悩具足の凡夫とおほせられたることなれば、他力の悲願はかくの如きのわれらがためなりけりと知られていよいよたのもしくおぼゆるなり」という意味があると領解せられる。そこに「悲喜の交流」ということもあるのである。されど唯円の対談においては語り得たことでも、独自の述懐としては記すことができない。ただ悲しみ恥ずる他ないのである。ここに親鸞その人の心境がある。悲しみは悲しみで喜びにかわるものではない。こうしてただ暗のみがみつめられたのである。

二

その悲しみは喜ぶべきことを喜ばない悲しみである。しかしてその喜びを妨げているものは愛欲名利である。したがってそれはあたかも愛欲名利を離れ得ないことが、悲しまれているようである。それはいかに領解すべきものであろうか。

仏道を求めて出家修学せる親鸞には、終生、愛欲名利を離れねばならぬという感情があった。自力心にはつねに名利と相応するものがあると反省されたことは、これによるのである。また煩悩を代表するものとして愛と憎とが説かれていることも愛欲を仏道のさまたげとおもっていたからであろう。邪見憍慢の衆生は信楽受持することかたしということも愛欲名利を否認するものである。この意味においては、超然として愛欲名利を捨離せる道元の心境と、いかにしても愛欲名利を解脱することのできぬことを悲痛せる親鸞の心境とはその表現を異にしても道念においては別はないようにもおもわれるのである。

されど親鸞には妻子があった。それは愛欲を離れることのできなかった事実を語るものである。したがって出家を原則とする僧風から見れば破戒であるにちがいはない。されど当時の教界の弊風を見聞せる親鸞には、「内に虚仮を懐き」ながら「外に賢善精進の相を現ずる」ことに堪えられなかった。妻をもつということが、かえって純潔であるとさえおもわれたのであろう。とくに法然の教えによれば、念仏もうすには、独身であれ、妻をもちてであれ、その宜しきに順えということである。その教えにしたがえる親鸞には妻をもつことによりて、人縁をそのままに法縁とする「夢」もあった。そこに浄土教の有難さも感じられていたのである。

したがって、その親鸞の「夢」を「現」実にするものこそ浄土の真実であるといってよいのであろう。とすれば愛欲を離れることのできぬということは、悲しみ恥じねばならぬこととは思われない。しかし親鸞はつねにそれを悲しみ恥ずべきことと反省していた。真実の信楽をうることの難さも「貪愛の心つねに善心をけがす」によると語っている。本願を信楽する機縁である愛欲が本願を信楽せしめないのである。それはまったく矛盾である。されどそれが矛盾でないとすれば、そこにあるものは、ただ悲しみ恥ずる心のみではないであろうか。

三

このことは、一層ふかく名利についてかんがえしめられる。親鸞の愛欲を語る伝記者も、親鸞の名利に執えられていた事実を挙ぐるものはない。それは親鸞の生涯は名利を離れようとすることに一貫しているからである。親鸞の出家の動機となったものは、世俗の名利を捨つることであった。比叡山の修行をすてて、法然の門に入れることも、「隠遁の志にひかれて」である。越後から東国への流浪にも、庶民を友とすることにおいて名利を離れることのできる喜びがあったのであろう。しかるにさらに晩年において京都へ帰ることになった。それも人師となるを厭うてであると伝えられている。

この親鸞の心境には、自力心とはすなわち名利心であるという反省があったようである。それで聞不具足であるということは、名利勝他の心によると領解されている。とくに「大慶喜心をえず、仏恩を念報することなく、心に憍慢を生ず」ることを「つねに名利と相応するが故に、人我みづからおほふて同行善知識に親近せざる」ものとして悲痛せられていることは留意すべきことである。それは他を見ての痛みであるとばかりおもうことはできない。「小慈小悲もなけれども、名利に人師を好むなり」と悲歎しているのである。

ここには自力の行は捨てられても、自力の心は離れないという事実がある。たとえ他力の信を語っても、われにその信ありとおもうことは、わが信ずる心を頼む自力心といわねばならない。したがってその信はかえって本願の真実に反するものである。しかるにその自力心を超えしめるものは他にはない。つねに同行善知識にちかづき謙虚に聞法することのみである。

これによりて「本願に疑いなきなり、本願を疑わざるにあらざるなり」と領解せられて来た。「本願に疑いなき」は如来の真実である。「本願を疑わない」は凡夫の自信である。如来の真実は凡夫の信疑にかかわるものではない。その本願に疑いなき如来の真実が信疑にかかわる凡夫自力の心に徹到する時、その感銘はいかにいいあらわさるるものであろうか。それこそ難信ということの意味であろう。これすなわち真実の信は自心を頼むものではないから、いかに疑うとも、その疑いの届かないものであるということであり、それは信じ難いことであり、されど信ぜずにおれないものである。疑が信に転じ、疑が信を深めるのである。とすればその真実の信楽は、自力の心を離れ得たという喜びよりは、自力の心を離れることのできぬ悲しみにおいて感ぜられるものではないであろうか。そこに親鸞がつねに名利の心を離れることのできぬ身と悲しみ恥じたゆえんがあるようである。

こうして愛欲も名利も本願を信楽する機縁とはなっているが、だからといってそのまま認容も肯定もさるべきものではない。そこに浄土教の性格があるのである。そこに仏教の真実があるのである。

四

愛欲は異性の間にあらわれ、名利は同性の上に動く、人間の生活はこの他にはない。しかるにその愛欲から憎しみと嫉みが生じ、その名利から競いと争いとがあらわれる。そこから悪業も行なわれ、罪障も深くなっていく。したがって人間生活は、いかにしても苦悩と争闘とを免れない。浄土の教えはこの人間苦を救うためにあらわれたものである。しかれば煩悩悪業を悲しむ念仏者は、愛欲名利を恥ずることも自然の感情といわねばならぬのであろう。

されど已にいうように愛欲名利を解脱しようとすることは、仏教の聖道である。さらに広くいえば、道徳といい文化というものも愛欲を純化し名利を制御せるものである。心理学者の説によれば眼耳等の感覚の根本となっているものは愛欲であるということである。とすれば美醜の分別も愛欲によるのであろう。文学といい芸術といっても、愛欲なしにはあらわれない。されどその道はかならず愛欲の浄化として行われるのである。同様に知識を進歩せしめたものも名利であるといいえるであろう。されど真理を求めるものは名利に執えられることを愧ずるものである。ここには名を求むるものと名を惜しむものとの別がある。この純化され制御された愛欲名利は仏道にも摂取さるべきものであろう。「大悲を愛とす、愛は即ち是れ欲なり」と説かれ「願は清浄意欲を体とす」と解せられている。名声の十方に聞ゆることは、如来の本願にも現われ、真実の利を得ることは、念仏の徳であると教えられた。

ここに領解されることは、本願の宗教は、人間の道徳を否認するものではなく、文化を呪うものではないということである。ただその反面にはつねに醜悪と虚偽の雑わっていることを悲しんで、その真実のものであれかしと願うているのである。この意味において道徳を求むるものも本願に帰し文化の増進も念仏のこころにおいて行なわれねばならぬものであろう。言い換えれば、本願を信ずることにおいて道徳も偽善をまぬがれ、念仏のこころにおいて文化もしたしめるのである。この意義を明らかにしようとするものが、真仏弟子章ではなかったであろうか。

とすれば真仏弟子章は、まさに「慶ばしい哉」を以て結ばるべきものである。しかるにそれが「悲しい哉」ということになった。しかもそれはすでにいうように矛盾のようであって、かえって落ちつきを感ぜしめている。これおそらく、その悲しみ恥ずるこころに喜ばない身も定聚の数に入っており、快まないこころも真証の証にちかづいていることが信知されているからであろう。ここには喜びも悲しみに融け入り、快しさも慚愧に沈澱しているものが感ぜられる。不思議な悲歎の感情がある。

五

この親鸞の悲歎に対するわたしの領解はあるいは中心を外れているかも知れない。わたしの感想は、この悲歎述懐にたいして、若き日と老いたるいまとでは変ってきたようにもおもわれる。「広海に沈没し」といい、「大山に迷惑」するという表現は、いまではかってほど強くは響いてこない。されど頭の上らない感じは、かえって深くなったようである。

ここでは愚禿鸞とあって、例のごとく、愚禿釈親鸞ではない。その釈といわず親を略せるところに慚愧の深さがあるのではないかと指示された人があった。しかれば不喜といい不快という悲しみも、仏法について知らしめられた一切のものは、みな剝落して、残れるものはただ凡夫としての地金のみであるということであろうか。

光は冴えわたって暗いよいよ深く、彼岸の涅槃が期待せられて、とくに人間の執着の離れがたきを思い知らしめられる。こうしてわたしは真仏弟子章を身につけさせていただくのである。

著者略歴

金子大榮（かねこ　だいえい）

1881年新潟県高田に生まれる。真宗大学卒業。1911年浩々洞の雑誌『精神界』の編集担当。東洋大学教授、真宗大谷大学教授、広島文理科大学講師、1951年大谷大学名誉教授に就任。1976年10月20日逝去。
主書『金子大榮著作集』（春秋社）、『金子大榮選集』（コマ文庫）、『四十八願講義』『金子大榮　歎異抄』『金子大榮講話集　全5巻』『正像末和讃聞思録』（いずれも法藏館）など多数。

新装版　親鸞の人生観
―教行信証真仏弟子章―

一九六六年六月二〇日　初　版第一刷発行
二〇二一年五月二〇日　新装版第一刷発行

著　者　金子大榮
発行者　西村明高
発行所　株式会社　法藏館
京都市下京区正面通烏丸東入
郵便番号　六〇〇－八一五三
電話　〇七五－三四三－〇〇三〇（編集）
〇七五－三四三－五六五六（営業）

装幀　山崎　登
印刷・製本　亜細亜印刷株式会社

ISBN 978-4-8318-6577-9 C0015

—新装版シリーズ—

大無量寿経〈他力本願〉　石上玄一郎訳著　結城令聞解説　二、〇〇〇円

口語訳　教行信証　附領解　金子大榮著　二、七〇〇円

仏教とは何か　横超慧日著　一、三〇〇円

浄土和讃講話　川瀬和敬著　一、四〇〇円

浄土高僧和讃講話　川瀬和敬著　一、四〇〇円

正像末法和讃講話　川瀬和敬著　一、四〇〇円

内村鑑三と清沢満之　加藤智見著　一、九〇〇円

教行信証　星野元豊著　一、八〇〇円

価格は税別

法藏館